潜能

Potential

冯平萍　著

ZHEJIANG UNIVERSITY PRESS
浙江大学出版社
·杭州·

图书在版编目（CIP）数据

潜能 / 冯平萍著. —杭州：浙江大学出版社，
2023.7(2024.7 重印)
　　ISBN 978-7-308-23635-5

　　Ⅰ.①潜⋯　Ⅱ.①冯⋯　Ⅲ.①潜能—开发—研究
Ⅳ.①C963

中国国家版本馆 CIP 数据核字(2023)第 061811 号

潜能

冯平萍　著

策划编辑	吴伟伟
责任编辑	曲　静
责任校对	杨　茜
封面设计	雷建军
出版发行	浙江大学出版社
	（杭州市天目山路 148 号　邮政编码 310007）
	（网址：http://www.zjupress.com）
排　　版	杭州青翊图文设计有限公司
印　　刷	广东虎彩云印刷有限公司绍兴分公司
开　　本	880mm×1230mm　1/32
印　　张	8.5
字　　数	169 千
版 印 次	2023 年 7 月第 1 版　2024 年 7 月第 2 次印刷
书　　号	ISBN 978-7-308-23635-5
定　　价	68.00 元

"

人们的爱是被压抑的。

每一个人善意与慈悲都需要被看到。

——冯平萍

"

人的一生,是不断学习、不断通透的过程。

当我们停下脚步,凝望远方,打开身心,心理能量顺畅流动,我们的智慧就在高山、大海、阳光、雨露中滋生,缠绕……

序 一

每个人体内都有一股能量。

每一天,我们或开心,或消沉,或阳光,或抑郁,或欢呼雀跃,或痛不欲生。情绪总是在时刻发生着变化,带动情绪变化的是一股能量。

它在人体内流动,和环境交互,强弱兴衰时时在变,这种变化影响人的情绪,决定人的行为。

遗憾的是,关于这股能量的研究还不够深入,人们还不能了解它的前世今生,不能让它为人所用。

本书作者在长期的心理咨询实践中,对这股能量的起源、变迁、流动、交互有了深刻认识,并在此基础上提出了能量动力理论。在心理咨询实践中,作者对这股能量进行主动控制,获得了显著的效果。

本书要和大家分享的就是如何觉醒这股能量,掌控这股能量,使人们的生活更美好,这就是能量动力理论。

序 二

我们经常遇到这样的案例：

"我对孩子的照顾无微不至，为什么孩子却为人冷漠无情？"

"孩子写作业拖延，为何打骂都无效？"

"孩子讨厌学习，怎么办？"

"胸口憋闷，每天都睡不着觉，很害怕……我克服不了……"

"刚结婚的时候感觉很和谐，可随着时间推移，我们越来越难以沟通，越来越陌生，这是怎么了？我们该怎么办？"

"到底什么是爱？"

"同一环境里，为什么你很幸福，我却不快乐？"

"为什么每天我没做什么，却总是感觉累得要死呢？"

"这个世界究竟有没有能监听别人思想的仪器？我的思想已经被他们监听了。那个人昨天晚上告诉我了……我好痛苦啊，我该怎么办？"

"我很累，失眠，什么都不想做，什么都不感兴趣，感觉世界是黑白色的。我感觉我病了，我还能好起来吗？"

"我总是紧张，害怕，坐立不安……"

是的，痛苦的方式五花八门，痛苦的人们却都符合一个共同的规律,那就是他们都出现了能量不足的现象。痛苦的人都是得不到能量滋养的能量饥饿者,或者叫能量枯竭者。

我们或许有过这样的感受:感到自己很难受,没有力气,像是生病了,结果去医院检查却没有任何疾病。是不是医生给搞错了?身体的难受是千真万确的,却得不到有针对性的治疗方案。更为恼火的是,有时候就连身边的亲人都不理解甚至不相信这些身体难受是真实的,认为是装病。一方面被误解,另一方面又耽误了重要的治疗和干预时机。很多人的这些难受慢慢转化成孤独、委屈甚至绝望。其实,这些难受的状态也是一种病,都是能量枯竭所致。我们将其称为虚病,而器质性的疾病叫实病。虚病比实病要轻微些,但是却比实病更难治。只因有针对性的干预不及时,也不够明确。

当能量枯竭时,不仅身体会出现不适,情绪也会出现不适。比如,感觉自己没有缘由地情绪低落,感觉整个世界都蒙上了灰尘,呼吸也缺少了从前的通透感。

心理痛苦是能量不足的结果,而能量不足的原因是缺爱。

在能量动力理论体系中,人体内的能量分为外源能量和内源能量两种。外源能量是物质能量,内源能量是我们所有的精神、情绪和情感的能量。当一个人感觉不舒服时——无论是生理性的还是精神性的,都源于能量的不足。补充能量可以让一个人的身心更加健康。

　　能量动力理论认为,人依靠能量存活,失去能量的滋养,便会死亡。

　　能量动力理论指出,能量是有通道的,不同方式的能量堵塞,会造成不同症状。我们要像疏通管道的修理工一样,去检查哪些通道受到了能量的堵塞,然后帮助它们修通能量卡点,让能量可以重新顺畅地流动起来。

　　让我非常惊讶的是,当我这样做时,那些看似棘手的"症状"竟然可以轻松搞定,问题得到了质的转变,那些感到绝望的人们重新回归到健康的人生轨道上来,甚至连一些实症都能得到有效的好转。

　　本书的使命就是帮助大家了解能量动力理论,认识并驾驭能量。到底什么是能量?能量都遵循着怎样的规律?我们要如何驾驭它们?如何使用能量理论解决具体的现实问题?这些问题都可以在本书中找到答案。

| 目 录 |

第一章

初识能量

在现代物理学中,能量用来表征物理系统做功的本领。按照物质的不同运动形式,能量可分为核能、机械能、化学能、热能、电能、辐射能、光能、生物能等。这些不同形式的能量之间可以通过物理效应或化学反应相互转化。

心理学讨论的能量与物理学能量有所不同,它不仅与吃、穿、用、住等看得见的物质有关,还与人类的知识、思想、信仰、情绪等看不见的精神相关。

在生活中,他人他物的各种活动会通过五感影响我们的内心,我们内心中的情绪、信仰、本能会激发出强大的能量,促使我们付诸行动。所有与精神、思想、情绪、情感相关的为内源能量,除此之外的其他内容为外源能量。

外源能量通过感觉器官转化为信息,影响内源能量,人的心理状态主要受内源能量影响。内源能量相互融合,相互影响,产生行为。

我们每个人时时刻刻都被各种能量包围,能量从外向内,从内向外,相互转化并流动着。如果堵塞了相互流动的能量,就会出现各种各样的生理问题和心理问题,如果能使能量流动顺畅,人生必然充满更强大的生机。

一、能量的分类

我们将影响人类的能量分为两大类,分别是外源能量和内源能量。他人他物的各种活动可称为外源能量,我们内心中的情绪、信仰、本能可称为内源能量。

1.外源能量

外源能量是我们生存的基础,没有外源能量,我们每个人都无法存在。外源能量既包括身体本身,又包括阳光、空气、水、食物、住所等。外源能量转化为内源能量的主要通道是感觉器官,形式是信息。

在生活中,我们能感觉到的一切都是带有能量的,如:大型表演会给我们带来视觉冲击,巨大的声响使人耳鸣,浓郁的香水刺激着我们的嗅觉,辛辣的味道在我们味蕾上肆虐,身体的剧痛让人眩晕。这种时候,我们能切实地感觉到这些无形的东西拥有着强大的能量。

能量都是可以被吸收的,能量被转化和吸收之后,或滋养、或损害我们的身心健康。我们对刺激的感觉念念不忘,却常常忽视一些让我们感到和谐的感觉,从而丢失了得到高能量滋养的契机。

　　我们大多在蓝天白云下生活,周围充满明媚的阳光、和煦的微风、悦耳的鸟叫声。但对于行色匆匆的人们来说,如果不是特意停下来驻足欣赏,那很难感受到这些和谐美好的存在。但一个糟糕的下雨天、一顿难吃的晚餐、一次尴尬的经历等这些不好的感觉却能记住很久。人们很容易忽视自然和谐的感觉,而留下很多不好的感觉。原因是,舒适和美好往往会被当成一种理所应当,大部分人都不会认为那是一种值得被珍视的能量滋养。就像一个人在健康的时候并没有感觉自己有多幸福,只有当自己的身体到处疼痛时,才开始怀念健康的可贵和幸福,然而,又很容易好了伤疤忘了痛。

　　这些细微的、舒服的感觉能量,如果我们能够不时驻足、吸收,就会发现生活即便是有诸多的不如意,仍然可以过得诗情画意、能量丰满。当我们打开感觉通道,让这些感觉能量进来,就可以每时每刻都被滋养到。反之,当我们关闭感觉时,我们就接收不到这些能量,也就无法得到丰润的滋养了。

　　我们在接收感觉能量的同时,也在防御感觉能量对我们身心造成的伤害。

　　首先,我们的感觉器官本身就在帮助我们抵御巨大的感觉能量冲击。如人类的视觉只能看到波长 $380\sim780nm$ 的可见光,人类的听觉也只能听到 $16\sim20000Hz$ 的声波。超出这个范围,我们的身体会用不舒服来预警。这些感受设定圈出了一个人类能耐受的感觉范围。当我们感觉出现不适时，感觉就已经在提醒我们不能继续下去，即便是一些小的不舒服，也都是在提醒我们需要保护自己的身体。而一些大的疼痛、恶心、眩晕、心慌、出冷汗等感觉，都在警示我们要立刻远离危险。

当有不舒服的感觉来临而我们又无法逃离时，我们身体的感觉器官就会提高阈限来帮助适应这种感觉能量的冲击。如入芝兰之室，久而不闻其香；入鲍鱼之肆，久而不闻其臭。

其次，我们也会暂时关闭能量通道，从而隔离一些能量。当有些感觉能量冲击太大时，我们会暂时关闭部分感觉通道，不让这些感觉能量进入我们的意识。这是身体保护自己的一种防御机制。最典型的是感觉隔离和情感隔离。如果长期处于感觉隔离和情感隔离状态，人就会变得相对麻木、迟钝，甚至会有强迫症、情感淡漠等状态。

最后，我们会"丢失"一些感觉，如PTSD的创伤性应激障碍。也就是我们会因为无法接受巨大的痛苦，而本能地选择暂时隔离与回避，看上去就是忘记一些巨大的、创伤性的感觉。因为那个创伤的感觉能量实在太巨大了，如果不加隔离，它会重创我们的精神世界。但如果这个巨大的能量已经进来了怎么办？我们就会把它埋起来，当它没来过。表现出来的就是我们想不起来，就像这个感觉丢失了一样。这个巨大的能量虽然被埋了起来,但它仍然会影响我们的生活,它会成为潜意识的一部分,那些被尘封的能量会时不时扰动我们。它也会随着我们的成长而有所松动,因为这个能量对曾经弱小的我们来说确实是巨大的,但随着人的成长,其自身能量的增加,保护自己的能力也会增强,当年所谓巨大的能量对现在的我们来说已经变得不那么巨大了。所以,它会不时冒出来想让我们接纳和吸收,而不是继续被忽视和埋藏。

被我们记住的、深刻的、不舒服的感觉能量,需要及时清除或者升华。比如,很多人将自己的尴尬经历改编成有趣的段子,让自己的过去在幽默中释然。

能量就是这样奇特,当我们喜欢它、认同它的时候,就可以得到它的滋养,无论那些感觉曾经有多么不堪,都可以成为滋养我们的养料。

2.内源能量

我们内心中的情绪、信仰、本能都可称为内源能量。

(1)情绪

情绪本身就是一种能量聚集的体现,也就是说,情绪是有能量的。面对自己的情绪,尤其是负面的情绪,许多人并不接纳,所以控制情绪成了人人必修的功课。控制本身是对情绪能量的一种压抑,我们大部分使用的控制方法是理性认知,在情绪能量较小时,这种方式是有效果的。可当情绪能量积压了太多时,即便再强大的理性认知,都无法压得住这些巨大的情绪能量。这些巨大的情绪能量会变得非常"偏执",就像决堤的洪水,会寻找一切可以冲破理性束缚的可能性,爆发出来。这个时候,情绪最怕的就是讲道理,因为理性的道理此时可以说是再次的压抑,如同压死骆驼的最后一根稻草,造成巨大的伤害。因此,在一个人情绪能量压抑严重时,我们需要做的不是继续讲道理、压抑情绪,而是要想办法化解它们。

我们最常见的负面情绪包括委屈、愤怒、悲伤、悔恨、羞耻、抑郁、嫉妒等。这些情绪困扰着很多人,但是人们并不了解这些情绪究竟是怎么来的,又该怎么除掉。

从能量动力的角度来看这些情绪就会发现,它们本身都是带有能量的。并且,每一种情绪能量都有属于自己的功能。

①委屈

这是一个让人心里感觉不平衡的情绪感受,意味着能量一定是在哪里失衡了。在关系中,就像我尽我所能对你好,照顾你,理解你,为你付出,结果你不领情,也完全没看到,这时付出者就会感觉自己很委屈。在委屈出现之前,人们都有过不同程度的付出,但是,如果这种付出与回报不成正比,就会造成能量的失衡。

委屈的背后只因向往善意与美好,如果这个时候我们能看到委屈者为了善意与美好而付出的用心和努力,那委屈的能量就很容易被疏解了。

②愤怒

愤怒是愿望落空,爱与被爱受到强力切断的压抑爆发状态,是行动受阻后的一种紧张且不愉快的情绪。愤怒的情绪会让人失去理智,做出很多出格的事。愤怒过后,人也会陷入深深的疲惫,很多人愤怒后还会自责,觉得自己当时不应该发那么大的火。

愤怒的情绪是怎么来的呢？愤怒背后的预期是"正义",是为"对"挺身而出的表现。之所以会产生愤怒情绪,是内心认为的正义底线遭受到了破坏,愤怒是用来对抗那个要破坏自己内心"正义"的能量。因此,对于愤怒的人而言,承认他们是"对的",他们便能很快地卸掉积压的愤怒能量。在这里,我们要注意,"对"或"错"的认知,对不同的人也是截然不同的,所以我们在这里将"正义"与"对"的文字表述都加上了引号,意思是说,这只是站在个人立场上理解的正义和对错,并不一定是大众公认的正义和对错。

愤怒是一个情绪能量非常大的状态,在愤怒能量的支撑下,人们会更容易战胜恐惧,敢于冲破原有的规则限制,打通自身力量连接的通道,从而变得更坚定、勇敢。如果这时候,压制愤怒的能量,不让它释放出来,就会失去与自身力量连接的一次机会,也失去了跳出规则限制的一次体验。长期敢怒不敢言的能量压抑,会让身体产生胸闷、心慌等躯体疾病。当然,这种愤怒能量的释放也存在着巨大的破坏性危险,需要让情绪在可控范围内释放,不可完全失控。在这一点上,我们如果能站在中间的立场肯定自己行为的合理性,愤怒的情绪能量则可以得到一定程度的缓解。

③悲伤

悲伤与悲凉有时会被一些人搞混,看上去是很像的感受,其实并不是,这是两种的不同感觉。悲伤是一种持久的难过,并在一个人的内心默默发生着。如哀痛忧伤,伤心难过。悲伤含有孤独的成分,而悲凉里透着一种现实的惨淡。面对悲凉的情绪,需要人们拿出更多现实行动力来创造新的生活,编织新的生活篇章。

那悲伤是怎么发生的呢?悲伤的背后有一个具体客观的事或人存在,悲伤里面有放不下和不舍的情绪,能量留在了过去某件事或某个人身上,一直收不回来。悲伤源于一个具体的事或人而产生悲伤的情绪,心中有不舍,放不下,现实却留不住,无奈又无力。能量就这样被卡在了"曾经"那个地方,无法继续向前走。如果能放下那个人或事,就能解除悲伤的情绪。让过去的事或人保持独立,让关系保持完整,都可以帮助消耗被卡在过去的悲伤能量。

虽然悲伤的能量不高,但悲伤可以让人变得更加宁静,让人的能量状态回收至自己内心深处,这是一种有利于自我反思和成长的状态。每次吸收悲伤的能量都能为人洗礼一次灵魂,帮助人们更加通透、释然。每一种情绪能量都有着属于自己的使命。

④悔恨

悔恨是"悔"与"恨"两种感觉的结合,"悔"是遗憾自己明明可以做得更好而心存不甘。"恨"是对自己爱而不能的不满。这是两种对过去发生的某些具体事件产生的遗憾和对自己的不满。因为能量被卡在了过去,对过去发生过的具体事件不甘心、不满意却又无能为力,所以产生了又悔又恨的情绪能量。这是指向自身、具有攻击性、会令自己内伤的能量。

悔恨的背后有着完美主义的影子,之所以要完美、不犯错,有一种心理需求是,我不敢犯错,我犯不起错,很难承担错误的后果。悔恨透露着对自己严苛的态度,而这种严苛往往是从别人身上延伸过来的,而并不是真正对自己严苛,因为他们总是把希望寄托在别人身上,希望别人能更爱自己、更喜欢自己、更认可自己。这种要在别人面前表现得更完美的心态是不成熟的,是人格不够独立的体现。如果真的是对自己严苛,那会表现出强大的自律能力,然而他们并不具备强大的自律能力。反过来讲,如果一个人有着强大的自律能力,也不至于承担不了不完美的后果。

如果是较严重的懊悔感,那就是非常低的能量状态。这种情绪状态常出现在一些人格障碍和强迫症群体身上,他们的本心往往较善良,但是力量不足,会将一些陈年往事中的过错归结于自己,而不去问责他人。有时这是一种善良,有时这是一种懦弱。对与他人发生冲突有着深深的恐惧,只敢伤害自己,而不敢制造冲突。懊悔背后的情绪有很多,其中就包含对得到认同与爱的深深渴望,对自己的严苛态度,把不满都用于苛责自己,这种模式会造成巨大的能量内耗,严重时甚至会令人崩溃。想要破解悔恨,就得树立清晰的边界意识,同时建设独立的人格。这会是一个漫长的过程,但非常有效。

⑤羞耻

羞耻感大多指道德准则受到重挫,与高尚的思想、行为形成反差,是自我认知与行为无法匹配的一种情绪。羞耻感是令人痛苦的体验,但羞耻感能激活人们强有力的、向上提升自己的能量,有效开启人们的智慧。

《了凡四训》第二篇改过之法中说,"孟子曰:耻之于人大矣。以其得之则圣贤,失之则禽兽耳。此改过之要机也"。意思是说,一个人最大的、最要紧的事情就是这个"耻"字。晓得这个"耻"字,就会把自己的过失尽量改掉,可以成为圣贤;不晓得这个"耻"字,就会放肆乱来,失掉人格,便和禽兽相同了。这些话都是改过的秘诀。知耻而后勇是中国文化中一种破茧成蝶的智慧。

　　羞耻不仅仅是一种情绪、一种感受，它的背后有非常珍贵的能量。羞耻的不舒服感就是这股能量的表现。这股能量非常纯净，它要求我们脱离低级趣味，向更高级、更文明的方向进步。当我们已经踏上"人"的层次，它不允许我们再回到动物的层次。它要求我们对自己的言行负责，问心无愧，顶天立地，它是一种向上的带有一种神性的高尚能量。而一旦这股能量被玷污，我们就会感受到被侮辱，因而感受到羞耻。《中庸》中的"知耻近乎勇"，"勇"就是激发了羞耻背后的能量。

　　人的生活方式和交流方式有很多规则，这些规则对人具有一定的束缚力。为何孩子往往会比成年人更加不知"羞耻"感？因为孩子还没有像成年人一样受到太多的束缚。事实上，我们需要放开过于压抑的诸多规则，理解束缚的缘由，形成自己的成长节奏，从而活成一个更出色的"人"。

　　⑥抑郁

　　抑郁是一种心境低落的状态，是能量降低的表现。虽然抑郁是能量较低的状态，但这个状态最容易帮助人们找到生命的价值与意义，这也是抑郁情绪的重要"使命"。抑郁负责将人带入一种"我为什么活着，生命的价值与意义是什么"的思考中。因此抑郁情绪对人们来说，是开启智慧之门的一把钥匙，这把钥匙一旦帮人们打开了那扇门,人生便进入另外一个新的高度。这个层次的生命高度是能量流动更加顺畅的状态,拥有力量、坚定和智慧。

抑郁这种情绪是怎么来的呢?它是经历了长期持久的痛苦而来的。虽然抑郁本身的确可以开启人的智慧之门,让人生变得更加通透,可这并不容易。一旦陷入较深的抑郁之中,人们的身体就会发生器质性变化,这是非常危险的。所以我们要在一个人出现抑郁时,一边及时帮助他们打通卡在关系上的能量团,一边尽快地将他们拉回正常的状态之中。而能疗愈抑郁最有效的良药就是"爱"。关于抑郁症的解释和干预策略,我们会在后面神经症的能量动力中做进一步的解读。

⑦嫉妒

嫉妒是一种不能接受别人比自己更好的情绪,是带有排斥和敌视心理的状态。嫉妒是许多人都有过的一种情绪,是会让人产生恶念的低能量情绪。当一个人对另外一个人产生嫉妒之心时,最直接的恶念往往是希望对方变得更糟糕,不希望对方更成功、更幸福、更美好。有时还会生出要破坏甚至毁掉他所拥有的美好之念。因此,嫉妒蕴藏着破坏性的能量。

嫉妒是如何产生的呢?嫉妒的产生源于不能接纳"你比我好,你比我更幸福"这个现实,只能"我比你好"。嫉妒之心折射着一个人内在格局的大小,格局越小,越容易产生嫉妒之心,格局越大,越能容纳我们谁都很好,我们可以都很优秀、很出色。

想要破除嫉妒的方式是拓宽一个人内在的格局,让其理解每一个人都理应变得更好、更幸福。还要让其明白,幸福与否更多与自己有关,而不是完全由外人决定的。这个边界意识的树立非常重要。

我们再从自恋受损的角度看嫉妒,这里体现的是边界的不清,也就是说,别人变得更好时,我没有他们好,那意味着我比他们差,不如他们优秀、聪明。这损伤了自恋感。而事实上,每一个人都有着属于自己的机缘和成长节奏,别人的先到来了,那是别人的机缘和成长节奏。我们要知道,必然会有属于我们自己的成长机遇。这是互不干涉的事情,就像谁也不能替代谁吃饭一样。我们要尊重别人的人生机缘与成长节奏,也要好好等待和珍惜属于我们自己的那份机缘与成长节奏。在这方面,人人都是平等的。有人会说,"我的机缘没有他的好,这不公平"。事实上,机缘也是可以通过选择和努力去创造的,就像无中生有一样,在没有路的情况下,去开辟一条新路甚至一方沃土。

上述的情绪是我们生活中常见的,最容易引起心理问题的情绪。每一种情绪能量都有它独特的存在意义与滋养方式。了解它们的来源及化解方法,就可以变害为利,给予我们启迪或助力,用独特的方式滋养我们,让我们的人生变得更通透、幸福。

(2)信念

信念是人们对自己的想法、观念及意识行为倾向。信念是一种坚定的确信感。信念的作用是让人产生信心、士气和主动性。它的来源是对自我本能的唤醒。

信念会成为能量流淌并聚集的方向,就像一个人心中的灯塔一样指引着人们前行。如果没有信念,能量就很容易迷路,能量的流动会变得迷茫且混乱。

信念是意识的清晰状态,信念能牵引能量动力将意识转化成行为,这也是行为的重要动力。

信念能帮助人们确立自己的人生观、世界观和价值观。信念除了能唤醒人的意志行为,还能唤醒一个人的潜意识行为。

信念在认知上能影响一个人的世界观,信念在意识过程上的反映主要表现在人格倾向方面。这些虽然在不同侧面都有所体现,但从整体上看,它们是协调统一、具有一致性关联的。

(3)本能

本能是一个人与生俱来、不需要习得就会的能力。就像婴儿一出生就会有节奏地吮吸乳汁一样。所有本能的动力都指向"身体舒适"这个方向。舒适感虽然也是能量在纯净饱满状态下的自然状态,但是能量饱满的舒适感与本能的身体舒适感有很大的区别。能量也有本能的方向,能量的本能方向是向着"纯净与永生"的。从大方向看,这两者存在一致性。但从个性上看,本能服务于人的身体。能量服务一切,并且它只是自然规律的呈现,宏大且简单。

本能带着原始的动物性,追求当下的舒适感,有时反而会成为能量流动的障碍。

本能会跟随肉身的感受和需求调动自身的能量,为肉身的感受满足而服务。当这种能量的调动不合理时,能量自身的本能动力就会启动,并在不符合能量流动规律的地方停止循环。这种能量的拒绝流动会被本能以不舒服的方式检测到。可见,虽然本能可以调动能量,但是这种对能量的调动最终只能在遵循能量规律的前提下行使这种"权利"。

二、能量的吸收

能量的吸收包括物质和精神两大部分,无论是物质还是精神,只要是外部世界的能量,都属于外部能量。将外部能量转化为自身能量的过程是重要的能量吸收。吸收的载体是信息和物质。如通过感觉器官感受到的万事万物的各种信息,可以影响人的情绪。直接进到口中的饭和水可以满足本能需求,进而影响人的情绪。

从外源能量影响人情绪的效果上看,可分为直接影响和间接影响,这两种可被吸收的能量分别叫直性能量和曲性能量。

1.直性能量

直性能量是指直接让人获得滋养的能量,是能让人直接感受到安全感、满足感、平静、安宁、欢喜、身心愉悦等感觉的能量。

如,我们饥饿时,一顿美食瞬间就让我们能量满满;我们心情浮躁时,一首优美的音乐、几分钟的呼吸调节就可以让我们获得平静;有时甚至一个笑容、一句问候、一个靓丽的身影,都可以让我们获得喜悦和满足。这些可以直接滋养我们的能量就是直性能量。它最大的特点就是直接、立刻、马上提升我们的能量,可以说"感受到即获得"。

2.曲性能量

曲性能量是指不能直接提升人的能量,需要转化之后才能被人们所吸收的能量。曲性能量的吸收就像果壳里含有丰富的营养价值却不能被人体直接吸收,需要通过一些方式对里面的营养成分进行提取,再被人们使用。曲性能量需在原有能量基础上进行加工后再被吸收。

直性能量和曲性能量的定义是因人而异的,对 A 来说是直性能量,可对 B 而言就可能是曲性能量,因为 A 与 B 的感受能力是不同的,他们不同的感受力决定了能量可以被直接吸收还是间接吸收。

在教学活动中,教师传授文化知识这种外源能量转化为学生的内源能量时,不一定是一帆风顺的。有的学生可以很快理解、吸收并应用,可看作直性能量;有的学生则无法理解,需要借助一些实践活动的经验才能够理解,可看作曲性能量。

在心理咨询中,面对学生群体时会发现,他们身上往往存在极其相似的问题:因为无法转化曲性能量而变得枯竭。他们会说,道理我都懂,可是对我没什么用,该难受还是难受,该做不到还是做不到。什么叫"懂"? 他们真的"懂"了吗? 其实真正的懂是一种能量内外畅通的状态,是能量通透没有阻碍的状态,当一个人达到能量畅通没有阻碍时,是可以举一反三,甚至一通百通的。而那些自称道理都"懂"、就是做不到的人,他们的"懂"是需要重新审视的。对他们来说,他们手中持有能量,却没能真正吸收,没有实现与能量的融合。这些能量需要进行转化后才能滋养他们。而让他们可以吸收、转化最为有效的一种方式,就是回归生活,参与劳动,体验生活,不断突破舒适圈,进入自身盲区,获取更多的高峰体验。

我们可以吸收的能量是无处不在的,无论是直性能量还是曲性能量,对我们都是有益处的。就像我们看到灾难中的逆行者们会心生感动,这些无处不在的能量在滋养我们,吸收多少取决于一个人对爱的感受的深浅。

人们在补充能量的时候,内心往往会有一个预设,就是补充完能量或转化完能量后,会变得比之前更好。这是人们生活的智慧,是对生命过程的认知。理论上讲,只要真的得到了能量的滋养,也就得到了爱的滋养,这种预设就真的会实现,这是合理的。可是,当这种预设落空时,看上去也走了"滋养"的流程,但没能得到预期中的能量滋养,这就意味着,这个"滋养"流程出了问题,人们并没有真正被滋养,只是走了一个看似"对"的形式而已。

我常常听到一些家长十分不解地对我说,小的时候自己是很懂事的,一个道理很快就懂了,甚至不用家长和老师教,自然而然就会去做,心里就明白。可现在到了自己孩子这里,无论怎么苦口婆心地劝告、解释、提醒,都没有用,孩子依然无动于衷。这孩子是怎么回事,也太不懂事了,真的理解不了怎么会这样。其实原因就在于,现在这个时代的生活方式发生了巨大变化,现在的孩子们不再像从前有那么多的机会去参与生活,生活中没有太多经历和体验可以启发他们的感受性。这两者之间产生了巨大的差异。这是两代人因外部环境所产生的巨大变化,导致了人们内心世界产生了巨大差异。

缺乏参与生活的条件,就很难产生热爱生活的感受,越来越多的人变得缺失烟火气息,不接地气、追星、过度理想化、脱离现实变成随处可见的事。这也成为孩子们人格成长的危机,让内源能量与外源能量的对接出现阻塞。信息、知识大多是曲性能量,并未得到真正的吸收。

形式化是很要命的事情。有些家长会对我说,"我的孩子也有生活自理能力,他们可以将很多事情做得还不错"。我会问他们,你觉得他们喜欢做这些事情吗?很多人都被这个问题问到了痛处。我听到的很多回答都是,"肯定不喜欢啊,都是我们逼着做的"。我一直提倡要让人多参与生活,多做事,变得更勤奋,但绝对不是为了做而做,形式不重要,重要的是与生活连接后,才可以爱上生活。一个热爱生活的人才能真正活在当下的生活里,对生活产生好奇心,有探索欲,尽情吸收生活中无处不在的能量。只有这样人才能在生活中得到无穷无尽的能量滋养。成就感、安全感、自信、创造力、热情、爱、健康等,每一样都不可缺少。

　　众所周知,创造是参与者的实践过程,而直接的享受者是缺乏参与实践过程的。就像前者是种苹果树又吃苹果的人,后者是直接吃苹果的人。在很多人看来,人们的最终目的都是吃到苹果,种苹果树的人像是吃亏了,他们不能直接吃到苹果,而是需要先辛苦种下苹果树,再经过精心的照料,最后才能吃上苹果。但是这个过程往往比吃苹果更能令人成长,在这个辛勤付出的过程中,身心所感受到的震撼,是对一个人的洗礼。然而,只是吃苹果之人,是无法体会种苹果树的整个过程的意义与价值的。有人会说,我种的苹果不就是要给我的孩子们吃吗?我们上一代人把苦吃完了,下一代人就不需要再像我们一样辛苦了。这种想法许多人是认同的。其实,这并不绝对。对生活不能自理的婴幼儿来说,这个想法没有问题。但是孩子终将长大成人,这种想法对需要人格发展的孩子来说,就存在问题了。

　　种过苹果树和直接吃苹果的人,在拿到同样的苹果时,他们对苹果的情感和珍视程度是截然不同的。从种下苹果树,到长出苹果的这个过程,本身就是能量转化的过程。孩子们没种过苹果树,也没有为家庭付出更多的能量,能量交互的机会就非常少,没有能量的连接又怎么可能产生爱或感恩之心呢?

　　在能量转化的过程里,能量变得更醇厚了,这个转化的过程就如同发酵,最终人们可以从中吸收更多的能量;而直接获得成果的人,没有能量转化发酵的过程,最终可吸收的能量就会比前者少很多。一个人对事物的深情与珍视程度是道理讲不通的,需要被经历打通。这意味着曲性能量的转化是必要的。也就是说,有些能量需要一个转化的过程,这样能让我们消化和吸收更多的能量。

　　教育本身就是能量转化和吸收的过程,并且以曲性能量为主。

　　人在能量充足时,会更有张力,并向外伸展、开放。一个人的能量越饱满,就越有良知。中国人也称它为良心,当一个人的良知被唤醒时,他的智慧、爱和无限的喜悦就会被开启。

3.能量的转化

外源能量转化为内源能量的过程是能量的吸收过程,其载体是信息和物质。最为有效的信息是通过实践得到的经验的凝练。通过不断做事,从外源能量中获取经验,这是人们认识自己和世界的重要方式。人们通过这种方式获得世界所蕴藏的规律,是对精神世界的升华。衣食住行同样也可以帮助人们提升内源能量,当得到生活的物质满足时,人们会感到幸福、满足。一顿饱饭可以让人瞬间精神饱满,一件心仪的礼物也会让人心情雀跃。

物质财富是一种外源能量。一个人拥有的物质财富越多,他可支配的能量也就越多。在许多人眼中,物质财富是我们判断一个人价值的重要标准。因为一个人拥有的物质财富越多,他可转化的外源能量也就越多。

外源能量转化为内源能量并不是线性的,也就是说,并不是拥有的外源能量越多,最终转化的内源能量就越多。转化过程有一个峰值,峰值一过,转化的效率就会急速下降。外源能量转化为内源能量效率图整体呈倒"U"形,这也是并非拥有的物质财富越多就越幸福快乐的原因。如何提高转化的效率,让我们拥有更多外源能量的同时,幸福快乐也更多呢? 这需要提升我们的格局。

4.信息的超载与剥夺

信息是外源能量转化为内源能量的载体之一,信息本身是没有好坏、对错之分的,能被我们觉察到的信息都蕴含着能量。信息不同,能量大小不同。

信息的能量是不是越多越好呢？并不是这样。信息的能量,人不能无限吸收,也不能完全不吸收,下面介绍两种极端状态。

第一种:信息超载。

每一个人都有信息的存储空间,但当信息过多时,就会出现信息消化不良。也就是说人们对信息的吸收和消化能力是有限的,吸收不掉的信息越积越多时,就会出现信息超载现象。就像我们吃太多食物,还没等食物被消化掉,胃里又进来许多新的食物,就会出现积食现象。

信息超载会使人情感淡漠,因为每一条信息与人连接时,都需要我们拿出一定能量消化和吸收它们。当我们"吃"进身体的信息能量超出可吸收能量的上限,无法及时消化吸收时,它们就会拥堵在身体里。人们会被这些信息能量挤压得非常难受,这时就会开启自我保护功能,关闭信息的接收通道,不再让更多的信息能量进入身体。也就是说,我们会本能地拒绝继续接收信息能量的刺激,为自己争取时间去消化掉原有的信息能量,等原有信息被消化掉之后,身体才能腾出空间容纳新的信息。在关闭感觉通道、拒绝接收更多信息期间,人们就会表现出情感淡漠的状态。直到再次打开对外接收信息的通道,吸纳新的信息能量,人们情感淡漠的状态才会逐渐消失。所以当信息超载时,人们会表现得淡漠无感。在这种状态下,只要及时消化信息能量,就可以调整回正常的状态。

第二种:信息剥夺。

信息不足是信息吸收的另一个极端状态。这种状态会使人产生无法忍受的不安和痛苦,他们会失眠,焦躁不安,感觉很不舒服,总想活动,这是焦虑者的一些典型表现。

信息的摄入是帮助人格成长的重要条件,信息不足会令人产生空洞与恐慌感,如同大海中没有了指南针,沙漠中失去了坐标,迷茫而慌乱。信息摄入不足,便无法满足人格成长的条件。人格成长是一种本能需求,也是生命活力的本能需求和对安全感的本能需求。

人们的信息收集来源是多方面的,信息的摄入需要满足每个人格侧面的成长需求。人们在丰富多样的生活方式下,信息不超载、不匮乏,才会感到健康和舒适。

我们与这个世界是广泛联系的,人的成长和成熟也必然建立在与外界信息接触的基础上。只有恰当地和外界连接,并逐步加强连接深度,才可能更多地拥有真切深刻的智慧,由此而受到爱的能量滋养,这是人类唤醒爱的重要过程。

三、能量的输出

输出能量的目的是什么？最容易得到共识的答案是，滋养并提升大家的能量，而并非破坏或拉低能量。这样的能量输出是共赢的。但这并不容易，现实中的能量输出通常有两种结果，要么滋养关系，要么破坏关系，正如鼓励和抱怨的能量输出结果完全不同。

内源能量向外转化的方式是行为，行为包含态度、语言、动作。不同的态度、语言和动作，所传递出来的能量质量是不同的。

1. 态度

态度是具有能量的，不同的态度有着不同的能量。《论语·为政》篇中，子夏问孝。子曰："色难。有事，弟子服其劳；有酒食，先生馔，曾是以为孝乎？"意思是说，子夏请教什么是孝，孔子说子女保持和悦的脸色是最难的，这里的色难就是态度。

如傲慢就是一种态度，它含有自高自大的意味，用于形容人的表情、举止，指看不起别人、对人不敬重的态度。这是一种能量较低的状态，傲慢中包含着无知的成分。傲慢的另外一端体现的是自卑感，傲慢是提示我们内心脆弱而自卑的警铃。

态度就像一个人的底色或背景音乐。一个人不需要说话，只要看一下他的态度，就能嗅到他身上的能量高低。如果态度好,还是发自真心的,就说明此刻他的能量较高,一定是好说话、好办事的。在心理学中,也有专门的表情心理学。古人也说过,相由心生。一个人眉头紧锁与眉头舒展,其心态必然是不同的。态度是一种被"挂"在身上的可演绎的能量。就像好的态度可以让人心态放松,能量向外开放;严肃的态度则会让人紧张,能量收紧。

态度是萦绕在每一个人身边的能量,我们一边受着周边人态度能量的影响,一边也用自己的态度能量影响着周边人。积极迎合的态度、忽视的态度、鄙视的态度、欣赏的态度、乐观的态度、沮丧的态度都会直接影响周边人的能量状态。在服务类行业中,对态度的要求就非常高。广大消费者会把服务行业的态度当成选择的一个重要标准,因为较差的态度会让人感觉很不舒服,会拉低人的能量。因此,几乎没有人会喜欢被糟糕的态度对待。

2.语言

语言能力决定着一个人向外展示自己的能力。比如说,一个人嘴笨,还有些口吃,他在将内源能量的精神情感向外传达时会口跟不上心,就连自己都感觉很费劲、很吃力。具有同样的内在,可是语言能力不同,他们所表达出来的内容是完全不相同的,正如中国有句谚语,叫"茶壶煮饺子,有货倒不出"。

语言的能量每天都在影响我们的生活和心境。从古语"良

言一句三冬暖,恶语伤人六月寒"就能感受出语言的能量是多么
巨大,一句话能让人感觉到"三冬暖",也能让人感觉到"六月寒"。

　　语言也被理解为一种表达的艺术,表达的是什么? 表达的
是能量。会说话与不会说话考验的就是语言方式,会说话,可以
将坏事变好事;不会说话,则会将好事变坏事。有些人一开口说
话就会得罪人,让人感觉不舒服。因为他们的语言总是夹枪带
棒地伤害别人,或是没完没了地唠叨和抱怨,也可能是废话连
篇,让人找不到重点,甚至连他们自己都不知道要说什么。这样
的语言内容苍白无趣,甚至会拉低周边人的能量,会让别人在付
出很多能量准备接收信息时,愿望落空。这种没有滋养的能量
付出,时间久了,就会让人失去耐心。有谁会喜欢这样的感
觉呢?

　　在能量动力理论中,有属于能量动力独特的语言表达方式,
能量动力理论提倡尊重、友爱的语言方式。我们会在后面为大
家做更详细的介绍。

3.动作

　　动作本身是有能量的,如肢体语言,之所以称之为肢体语
言,是其信息能量不是用嘴巴传递出来的,而是用身体动作向外
传递的。当我们看到一个人站在我们面前,两手插在兜里时,如
果不是因为取暖或其他必要的外在原因,那他身体传递出来的

信息就是,他保持着冷静和理智,他的动作里面带着保持距离的理性信息,他的能量并不打算对外释放太多。这时较敏感的人就能感受到他的"冷"和距离感。

动作本身的能量还有很多,如,我们可以用身体攻击别人,也可以用身体保护别人;一个人面对着我们和背对着我们,我们所接收到的能量也是完全不同的。这些都是动作本身所传递出来的能量,这些能量里蕴藏着发出动作的人与我们之间的能量关系状态。当我们接收到的能量感觉是舒服的,说明两者间的能量是融合的。感觉对方背对着我们或无法靠得更近时,能量之间是隔离的,是无法进一步融合的。这些还只是相对较为"静止"的行为能量。更大的动作能量体现在做更多的事情上,如创造性的行为等。

第二章

能量的种子

一、能量种子的缘起

1. 什么是能量种子

外源能量进入人体后，可以转化为内源能量。相同的外源能量在每个人体内转化出来的内源能量是不同的，这与每个人体内的能量种子不同有关。

所谓能量种子，就是潜藏在个体体内的思维模式和行为模式。能量种子，有的来自家族传承，有的来自后天形成。

有的养育者生活态度积极，遇到困难总能保持乐观的心态，能勇敢地面对挑战，他们拥有解决问题的积极思维和创新思维，能够灵机应变困境，哪怕失败也毫不气馁。这种高质量的思维模式会变成一粒粒种子种进下一代孩子们的心田里。当孩子遇到失败和困境时，他们能学着养育者的样子，用乐观和积极的心态去面对困难，创造性地解决问题。这就是亲子关系里，养育者为孩子传递的能量"种子"。能量种子里面的勇气和智慧，就是孩子心中的行为模板和认知模板。孩子会尝试着向这个模板靠拢,并慢慢模仿学习,最后成为模板的践行者,有时他们还会举一反三,进行模板升级,最终形成属于自己的思维和行为模式。

另外一类养育者消极被动,甚至充满暴力。当孩子做错事时,他们会显得暴躁,没有耐心,只会指责、抱怨,甚至暴力相加。这些都会成为低能量的"种子"种进孩子的心田里,当孩子慢慢长大,遇到困难和挫折时,他们就会表现得胆怯、退缩、逃避责任。因为在他们的"种子"基因里,所包含的信息是遇到挫折时,遭受的往往是惩罚,而不是鼓励和耐心地解决问题,所以他们感到恐惧和焦虑。他们心中的能量种子时刻暗示自己,如果失败,将会遭受可怕的惩罚。他们的种子模式里没有为他们提供更多美好的可能性,也没有提供可以更积极应对的参照方法。

同样的事,对拥有高能量种子的人来说,可以轻松应对,他们不畏惧失败,敢于挑战,也敢于尝试更多的方法。而对低能量种子的拥有者而言,他们一条路走不通,就可能到了走投无路的境地。

之所以叫"能量种子",是这些最原始的信念和行为模式会在人们的心中生根发芽,后面的任何事件都可能受到这些原始力量的影响,并强迫性重复。

在现实中,对养育者有敬畏之心的孩子,其人格往往发展得更好,他们会变得更有自信,也更有力量。

还有一种情况,就是孩子从小就衣食无忧,比身边的其他孩子养得都"好",吃的、用的都是精挑细选的。养育者会将他们遇到的一切困难都扫除,留下一个单纯干净的世界,让他们快乐地长大,这类孩子心里是没有种过种子的。当他们长大,慢慢进入复杂的社会后,遇到了问题就不知道该如何去应对,既不消极,也不积极,只是呆愣在那里,不知所措。他们会把自己从出生以来的生活经验当成自己唯一的生活模式来使用。他们过惯了衣来伸手、饭来张口的生活,遇到任何不"惯着"自己的人或事都是难以接受的,也无法理解。他们对于大部分人都很容易就能理解的人之常情是理解不了的,他们遇到问题不会处理,从而变得焦虑和不自信,也会因此而被拉低能量。

2. 能量种子的孕育

思想孕育了能量的种子,行为完成了能量种子的传递。

思想是如何孕育这些能量种子的呢? 人们的每一个起心动念都在孕育新的能量种子,恶念会孕育出低能量的"种子",正念会孕育出高能量的"种子"。

那"种子"会"死亡"、会消失吗?

是的,会消亡。

那会如何消亡呢?

当我们生起一念时,即化生出一粒能量的种子。消掉一念时,这一念的种子便消亡了。

那之前的能量种子所造成的种种结果是否还需要承担呢?

当然还要承担。这就像一个人曾经因为心中有怨恨去伤害了一些人,那些人遭到伤害后可能耿耿于怀,等待时机报复。如果他们心中的恨不消,还是会报复回来。虽然我们自己的恶念消掉了,那只能证明我们自己不再继续种下这个恶念的种子而已,并不代表之前的种子能量就全部消失不见了。种子一旦被思想孕育出来,再通过行为传播出去,对这个源头而言,就是无法控制的。这些种子会随着传播的范围和速度不同,进入不同的个体,并开始生根发芽。每一个人都是一个孕育能量"种子"的新"宿主","种子"在不同的"宿主"里会孕育出完全不同的新能量,再结出下一代的能量"种子"。

就像你因为被别人不小心碰了一下心情不好,心中就会升起"他怎么如此讨厌"一念,于是用一个非常不友好的行为将这一念所化生的能量"种子"传递出去。如果对方是个能量不高、心胸狭窄之人,就会因为这个能量"种子"的刺激而再新生一念,"你给我等着,我会加倍奉还的……"他们虽然没有直接找到报复回来的有效方法,但他们原本能量就很低,现在变得更低,于是身边人就会被殃及,很容易让负能量继续向外传递下去。看似他们继续传递出去的负能量已经与第一次化生出来的能量"种子"没有直接关联了,可是这个负能量里却有着第一次负能量的基因。内源能量的传递要比外源能量更加复杂,变幻莫测。

3.能量种子的培育

如果想让一粒好的能量种子苗壮成长,就需要给它良好的土壤。没有土壤的种子不能生根发芽,会直接干枯。在现实中,所谓能量种子的土壤,指的是实践环境。

那些从小生活在单纯舒适环境中的孩子,因为他们的感受从未在生活中被触发过,这导致了他们的生活中没有"土壤",所以种子也无法种进他们的心田。这种不接地气的养育方式会让能量基因变得毫无用处。物质是外源能量的补充,而心理问题是内源能量缺失的显现。身心健康,是外源能量与内源能量共同作用的结果。

对原始能量的给予,养育者是责无旁贷的,这是校园和社会都很难给予的原始能量。如果原生家庭能量贫瘠(主要指内源能量),那么这样的孩子即便去再好的学府也很难弥补这种能量的"先天不足"。想让他们变得更好,除非"挖"掉原来的"种子",重新种上高能量的种子,这虽然是件困难的事,但并不是做不到的事。所以,能量种子低的人不要气馁,完全可以转化能量种子的基因。

青春期就是一道分水岭,也是原生家庭的放大镜。这个时期过渡得好,便可破茧成蝶,孕育出新的、属于自己的能量"种子",新的能量"种子"就是自我人格的结晶。当然,破茧成蝶的过程一定是伴有疼痛的。

我们每一个人都在自己的家族模式链条之中,肩负着改变家族循环模式的使命。最后有些人通过自己的努力做到了,有些人却无法完成改变后代命运的任务,继续由他们的后代肩负改写家族能量种子基因的使命。这个能量种子的传承是男女平等的。一对夫妻的结合,就是两个家族能量种子的结合,是两种人格与命运的融合。后代也是两个家族能量综合后结出的果实。

在孩子进入青春期之前,大部分孩子的能量种子都处于隐性状态。所以许多青春期之前的孩子会因他们的外在表象良好,而被认为是没有问题的,直到青春期才爆发他们的真实能量状态。甚至还有一部分人群,他们的能量"种子"会在成年后慢慢显现出来。但无论何时爆发这些原始"种子"的能量,在人的一生中,都是躲不过去的。

学习知识是内源能量的一个侧面,孩子不像机器,会按照程序设定好的方式成长,他们需要契合的能量,才能成长得更好。每一个孩子内在的能量种子不一样,他们所表现出来的消极和积极状态也就不一样,虽然每个人有与生俱来的天生能量的部分,但对个人影响最大的仍然是家族能量。这些内在有着不同能量"种子"的孩子,其实并不适合一视同仁,若能因材施教,必然会收到更好的效果。现在的确有越来越多的家长会请私教,为孩子做一对一辅导,可大部分人只限于满足学习和强化文化课等方面。在人格的塑造、转变能量种子基因的这部分工作中,普通教师难以胜任,心理咨询师正承担着这部分的工作,即使用人格的高能量去净化并提升他人内在的能量。

其实,与其花那么大的力气为孩子争取贵族学校,不如帮助孩子做心理成长。养育者做出一点小的改变都如同直接改变孩子成长的能量"种子"和"土壤",能量"种子"质量的改变是一个人命格的改变,而家庭中的土壤变得肥沃后,小树苗自然就会生长发育得更好。

传统认知的养育方式是家长想尽办法做到最好,可是现实是,无论做得多好,孩子都会出现各种各样、大大小小的问题。这让很多家长都感到无助和焦虑。

在这里,我们有一个可借鉴的方式供苦恼之中的家长们参考。那就是提升养育者的能量状态,这可以直接影响孩子的身心健康和未来发展。养育者能量的提升是更好地帮助孩子的养料,所谓心病还须心药医,种子的优劣本来就是养育者自身能量的结晶,直接提升养育者的能量,就可以从根本上帮助孩子,这种无形的力量是累积性的。

心理能量的传递要比生理上的遗传好得多。生理的DNA遗传是很难改变的,除非基因发生突变,可是心理能量的种子要乐观得多,是可以被改写的。

4.能量种子"转基因"

当我们心中升起"你怎么如此讨厌"的念头,并用行为传递出去时,如果传递给的人是一个能量饱满之人,他只会一笑了之,并不会放在心上,还能给予理解和正面鼓励,那么低能量种子就不会继续被传递或放大,相反,还会转化成高能量种子。这就是能量种子"转基因"的过程。

其实在生活中,每一个念头和行为都是一粒能量种子,我们可以把消极念头变成积极念头,把消极怠慢的行为变成积极努力的行为。为能量"转基因"的机会无处不在,每一次为能量"转基因"都是一次改变命运的机会。

我们不但可以转化能量种子,还可以主动去"种"高能量种子,并且机会是无处不在的。以打游戏为例,团队作战时,可以有很多语言或文字上的交流,鼓励队友、安慰队友、原谅队友的过失等都是种好的能量种子,我们还可以在游戏结束后给队友点个赞。哪怕只是一支野队,大家都不认识也没关系,只要这样做了,就比挖苦、抱怨甚至骂人让人舒服。这种积极的能量传递出去后,我们不知道会在对方的生活里开出怎样的花朵。也许是一根救命稻草,是对方烦躁绝望时收到的一缕暖阳。

在现实中,家庭是最容易给人补充能量的地方,也是最容易将一个人能量掏空的地方。

因此,家庭是能量种子转基因最有效的地方,其实,想转家庭里的基因只要做到两点,就可以收到非常好的效果。

第一,所有关系里都要有尊重和规则。如何做到有尊重、有规则?长幼尊卑是非常重要的关系模式之一。"长"要有长者的成熟和担当,承担起该有的责任和义务,能以德服幼,而不是倚老卖老。幼要有幼的谦卑和礼数。现在很多家庭的能量循环是混乱的,长辈不再有尊严,不再有力量,甚至孙子变成了"祖宗",长辈变成了"孙子"。这样的长辈便失去了规则与边界的驾驭,也就无法再给子孙更多的"庇佑",因为这时的长辈已经没有力量了,也就没有了土壤环境的滋养,想要让子孙自信起来会很困难。相反,长辈有合理的规则,则不会焦虑混乱,而是拥有自信和力量。

第二,要有爱。有爱表现在负责和耐心这两点上。爱孩子就要对孩子负责,要教孩子哪些事可以做,哪些事不可以做,怎么做对他们更有帮助。爱孩子并不是给他们无限的自由。过分的自由,很多关系就会乱套。

爱是有力量,也是有规则的,不是怎么舒服怎么来。

耐心也非常考验一个人能量的高低,能量低的人就很难做到耐心,自己都烦得要命,哪来的耐心去爱别人呢!

所以,这两点想要做到并非易事,只要做到了,就能让家庭基因里产出更多好的能量种子。

5.能量种子与心想事成

所谓心想事成,是心有所想,事有所成。心想,是孕育能量种子的一念,这里要说的是发起这一念就能成事的不可思议的力量。

从能量动力理论的视角进行推理,人的确存在心想事成的能力。我们要从两个方面来解释如何才能实现心想事成这一神奇现实。

我们先用普遍思维来理解心想事成这句话的意思。我们的每一个行为都需要先有一个念头产生,才能慢慢在现实里成真。就像人因为感觉自己走路太慢了,产生了想要借助某种工具的力量让自己可以"跑"得更快的想法,于是便造出了各种各样的交通工具。人也因为羡慕鸟儿可以在天空中自由翱翔,最后造出了能载人上天的飞机。这些人类卓越的成就都来自当初那个起心动念的"心想",最后才"事成"。这种心想事成是必须结合着行为的努力付出才会成真的。现在我们要说另外一种心想事成。

高能量吸引并带动的是高能量,低能量吸引并带动的是低能量。换言之,美好吸引的是美好,痛苦吸引的就是痛苦。

高能量可以让好事成真,低能量可以让坏事成真。所以,我们可以让自己的能量纯度往高能量一方净化,但我们也不能忽视极恶之人,他们的能量一旦达到浓度极高的低能量状态时,是带有"魔"力的,当然,这样的人自己也会陷入更痛苦的深渊难以自拔。

想要验证是否真的可以心想事成,不妨从对美好的事物起念开始,并尝试付出相应的行动,让我们亲身体验心想事成的魅力吧! 心想事成的能力会随着我们不断净化自己能量而同步提升。

二、能量种子的传播

人在心中产生一念,孕育出来一粒能量的种子,接下来就需要借助行为这个动作进行"播种",还需要事件这片土壤孕育,最后才能让这个念头成为现实。想要让一件事无中生有,梦想成真,念头—行为—事件三者缺一不可。

1.能量传播方式——行为

行为是能量传递最直接的方式。行为让人类与现实紧密相连,没有行为,人也就没有了与现实连接的桥梁,那样的人生会脱离现实,活在不切实际的虚无之中。

(1)思想的能量流动是思想里的"行为",它包含着人们每一个起心动念。这种能量的内循环,是能量最为隐蔽的一种流动方式。这种能量的流动是理性的,能量过多会让人陷入焦虑,过少又会因为欠缺对现实的理解而过于单纯、不接地气。

思想的流动主要体现在语言、文字和艺术作品等方面的传递，人们通过对接他人思想、行为，对自己内在的能量种子形成扰动。

(2)情绪的能量流动是情绪里的"行为"，这种能量的流动是感性的，也是可以帮助人们打开更多能量通道的。如一个人的喜、怒、哀、乐等情绪的波动。有一种说法叫喜怒不形于色，就是不让情绪能量外显的自我控制。但即便真的做到喜怒不形于色，这些能量也还是会在身体里存在，这种方式是对情绪波动的一种压抑，不让其向外流淌，不让情绪能量与外界连接。情绪本身就是一种通过喜、怒、哀、乐的表达向外传递信息的方式。适当的情绪表达是很重要的。它是情绪的行为，压抑或控制情绪会阻止情绪行为的对外连接。不过，如果情绪行为表达太过了，就容易吓到别人，太轻描淡写则容易被人忽视。这同样也是一个行为方式是否恰到好处的"技术活"。

(3)行为的能量流动可谓思想和情绪与外界连接的桥梁。如：说、唱、喊、听、嗅、看、哭、笑、写、抓、握、提、放、拉、走、跑、跳、踢、打、滚、转、闪、蹲、举等。行为可以将思想和情绪、情感整合在一起。

生命健康的表现形式是内源能量与外源能量之间可以顺畅地流动。

人类的能量种子需要能的滋养才能健康成长。可在能量的流动过程中,时常会遭受各种能量堵塞,造成能量流动不畅。这个时候,我们就需要使用具体行为这个强大的连接桥梁,让关系中的能量重新连接起来。

行为是播撒能量种子的重要方式,是为能量种子服务的。而事件本身又是让能量种子发展延续的重要载体。

行为是实现能量种子延续和发展的关键。那么,什么是行为呢? 具体的行为表现有很多,如表情、言谈举止、为人处世等。如果没有行为,那么我们身边的能量是无法流动的。人类的行为是用来完成能量彼此滋养的,通常以事件为载体,因此,事件不可能脱离行为而存在。

行为有能量流动和传播的过程。但是,行为与行为之间存在巨大差别。

在行为中,我们需要讨论的是行为的质量。人们所有的行为只存在有效与无效两个结果。我们判断有效或无效行为的标准是以能量状态的高低变化为依据的。**能量得到提升被视为有效行为;能量没有得到提升被视为无效行为。**

无效行为与有效行为的相同之处是两者都付出了行为的过程,都付出了能量的消耗。而不同之处在于,两者一个是有好的结果,一个是无结果,甚至是负面的结果。这是由行为的方式决定的,也就是行为模式。

行为模式

行为模式是有规律/可重复的行为组合,其最大好处是提升可控性,这样可以缓解焦虑、节约能量。

对一个人来说,只要做出了行为,就会产生一定的能量。这些能量会成为一种新的动力去推动下一个能量的产生。行为的前身是能量,有了能量才有可能产生动力推动人们的行为,再产生能量……以此形成循环,这种循环一旦趋于稳定,就会形成一套产生固定质量能量的模式。就像一套机器可以生产螺丝,另一套机器可以生产芯片,虽然都是固定的"模式",它们生产出来的产品价值却差异非常大。

从能量质量的角度来看,不同的行为模式产生的能量高低是存在明显差异的。虽然我们有同样的能量种子,但是如何生长,这是由行为模式决定的,包括是否可以提升或降低能量种子的原始能量。

人们学习知识和技能的行为其实就是在获得思维模式和行为模式,也就是思维的套路组合和行为的套路组合。行为模式最早的习得往往是从养育者那里习得的,主要体现在生活自理能力和社会功能方面。

一个人的行为模式出了问题,其实是前面的思维出了问题。我们继续往前推,也可能是在使用感觉收集信息的这个环节就已经开始出现问题了。

当一个人的感受系统更为敏锐、精准、全面时,他的认知也会变得更客观,这时行为就更容易变得高效。

然而"想"与"做"又是两回事。下面我们来看一张"想"与"做"的行为展示图,这是两种较为典型的思维与行为相配合的模式。下图是不同的两种思维和行为的配合模式促成一个事件的过程和结果。

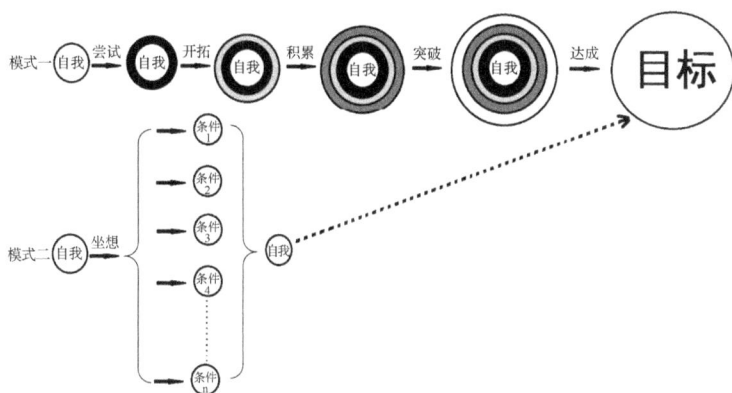

思维与行为

图中的"目标"就是最终完成的具体事件,是这两种模式中假设一致的目标,目标的存在是两种模式的共同前提,只是两种模式的实现过程完全不同。

"自我"是发起行动的人。

在模式一里,我们可以看到事件与事件之间是有关联的,它们就像一串链条,思维与行为同步向前发展,思维指导行为。从第一步尝试开始,第二步开拓,再到第三步积累,到第四步突破,最后达成目标。所有事件的前因后果,都被有序地串在一起,没有太大的跨越,逐步向前推进,最终形成一个完整的事件。我们也能看到图中的自我在不断变化着,并且越变越强大。

第一种行为模式是顺应事件发展规律逐步达成目标的。整个发展过程带有一定的未知和探索性。它的特点是,遇到问题,解决问题,大的目标十分明确,在小的进步过程中逐步探索、发展,以过好当下为主要任务。这种行为模式的好处是压力和焦虑都较小,因为每次只解决眼前的问题,不考虑太多后面可能产生的问题,在不断的小成就中获得能量滋养。但这对行动力的要求较高,需要及时解决眼前出现的问题。

从第一种模式可以看到,生活只要有明确的目标方向,不必想太多,只需朝着那个明确的目标走,将当下的每一件事认认真真做好,后面的结果就会是最好的。走好每一步,都是在为后面的环节打好基础。这也是能量可以保持高频的有效方法。事实上,这种方式也是更容易达到最终目标的模式。

在模式二中,"条件1→条件n"是指促成一个完整事件的各个小事件,也可理解为"分子事件"。我们可以看到,"自我"在那里思考着所有可以促成目标的条件。与第一种思维和行为同时配合的模式不同,当事人并没有直接去做,而是先思考每一步的具体操作,直到把所有条件和过程都想好之后,再落实具体行为,达成最终目标。然而最后的结果是,需要做的事太多、太难,前面没有行为的经验和事件发展的自身推力,最终可能难以达成目标。不但如此,在模式二中,作为主体的自我,因为没有用行为去参与事件,在"坐想"各个事件细节的过程中消耗了许多能量,这让自我的能量变得很稀缺,导致没有太多的能量支持行为去完成那些具体的操作。

如果一个人连续地重复模式二,那么可能会造成的后果就是,很难完成复杂事件,并且作为主体的自我能量会越来越小、越来越弱,社会功能也会随之变得越来越弱,因为能量被消耗在坐想之中。

应改变思维和行为模式,让思维与行为更加同步,也就是边想边尝试。从完成那些简单的小事件做起,这样自身的能量才会越积越多,就像滚雪球一样,慢慢总结经验,在行为过程中发现问题、解决问题,推动事件的发展,自然就会离目标越来越近。在思维与行为的共同配合方面,还体现着一个人社会功能的强与弱。

其实,还有第三种行为模式,那就是做得多、想得少,这种方式显然也不是最佳的行为模式。但即便是这种模式,也好过只想不做。这种行为模式存在走弯路的风险,行为鲁莽的概率更高。

第一种模式是思维与行为同步的模式,是从能做什么就做什么开始,有大的总体目标方向,也有小的目标配合行为,一步一步向前推进。而第二种模式是计划式的,先把所有现实过程在脑中实现一遍,如果能让行为及时地参与进来,当然也是不错的方式。但如果只是一直想,想得再周密完美,最终还是无法达成目标。

其实,复杂的事件都是由诸多简单事件累积叠加而成的,每个事件都可以有多个分解动作,每个事件都是由多个行为连贯起来完成的。这时我们将视线向远处拉伸,就会看到事件与事件之间的因果关系,甚至是连锁反应,一件更大的事件就是这样实现的。

行为不可能单独存在,行为需要依附着事件存在。下面我们来讨论事件的特质以及事件的层级关系。

2.能量传播过程——事件

每个事件都需要人物、时间、空间的共同参与才能促成。不同的事件会有不同的行为模式。

事件的发展需要行为的参与,行为的参与又会刺激产生新的事件。事件并不是一瞬间就发生并结束的,而是经历了一个类似滚雪球的过程,是一点一点累积性地向前推进的。我们先来将事件做个解剖,来看看事件里所包含的内容。

事件本身是由一系列的连续行为组成的,行为是人与外界进行能量交互的桥梁。所以,多做事可以增加一个人的现实感以及能量的吸收。人一旦不做事,就无法与现实连接,就会慢慢被虚无感(无聊和能量枯竭)占据。

每一个行为过程都有各自的能量惯性,并且这些行为惯性都有规律可循。越是简单的事件,行为规律就越容易掌握。面对复杂的事件,人的掌控能力就会变弱,而且对那些不了解的事件会产生更多的焦虑。

在心理学临床中,使用行为治疗的森田疗法就非常强调让人参与劳动,通过让人做大量的事来对他们进行心理干预。

而能量动力理论不但强调头脑与身体都需要大量参与劳动,还强调要完成一件完整的事。在完成事件的过程中,人们的大脑与躯体都在不断地被外界刺激,被刺激就会产生思维和身体上的反应,思维可以在不断的事件过程中变得更成熟,身体可以在不断的事件刺激下变得更灵活。灵活机敏的状态会帮助人们找到事件的模式规律,从而帮助他们完成更复杂的事件,以此提高社会功能,变得自信,变得热爱生活。

复杂事件是由多个简单事件累积而最终促成的。这个前提是,人们先要拥有可以轻松驾驭每一件小事情的能力。如果一件复杂的大事需要用十件小事来促成,那么这十件小事的完成程度以及彼此的衔接程度,都是完成这件大事的决定因素。

(1)事件的层次

人们的爱、能量、行为、智慧、格局五大部分形成一个能量正性的循环系统。每一环节又有着各自的特殊使命。

我们可以将对事件的感觉分为四个部分，它们是以层级关系形成的一套规律。我们对事件的感觉进行层级拆分，是为了更清晰地使用行为对事件进行干预。

事件有层次感和意义感、时间感和空间感、存在感、自恋感四个部分，如下图所示。

事件层级

行为前面的一个层级是能量，后面的一个层级是智慧。完整的循环次序是：爱—能量—行为（事件—层次感/意义感—时间感/空间感—存在感—自恋感）—智慧—格局。

上图是行为这一层级下的子层级。

事件的发生，让人们体会到更多的意义感和层次感，每一个事件都存在因果关系，所以事件有先后层次。

层次感里有时间感觉和空间感觉，它是一个动作结束和下一个动作开始的过程。这样一连串的动作需要占据我们一定的时间，同时，还需要现实世界为事件的发生提供一个空间环境。这让我们对时间和空间产生更深入的认知与感觉。

试想一个人不与任何事物连接，没有参照物，没有坐标和自我定位,那会怎么样? 结果是,会让人活得没有真实感,无法确认自己是否还活着。只有当人们有了时间感、空间感,才会产生更清晰的存在感。事件的发展,让人有机会与这个世界进行更丰富的连接,正是这种与更多现实连接的真实感受,让人们有了存在的确定感。

存在感越强的人自恋感就会越强,存在感弱的人自恋感就会弱。所以,合理的存在感决定着一个人是否拥有更为健康的自恋感。

而意义感和层次感往往来自事件的结果。事件的结果又会生成一个新的因,促成下一个新的事件的发生,以此循环。

要与世界连接,我们就必须做不同的事情,通过具体的行为与现实建立连接。这种与现实连接的体验,是没有任何人能够替代完成的。通过体验,才会获得存在感和自恋感,才能吸收这个世界更多的能量。

在这个世界上,没有谁能替代谁去获取感受,亲身经历生活显得尤为重要。

(2)层次感和意义感

在家族发展中,我们每一个人都是家族中的一个切片,代代传承,上一代人的能量会传递给下一代人。我们也称之为能量种子的家族传递。如果我们可以改变上一代的能量,那就可以对下一代产生完全不同的影响。每一代人都肩负着传递家族能量的使命,包括外源能量和内源能量。而每一个切片必然对应着一个时间段。

　　每个人都会经历出生到死亡的过程,每个人的一生都是由若干事件组成的,而每件事也是组成我们一生的一个切片,每个切片对应着我们所消耗掉的时间。

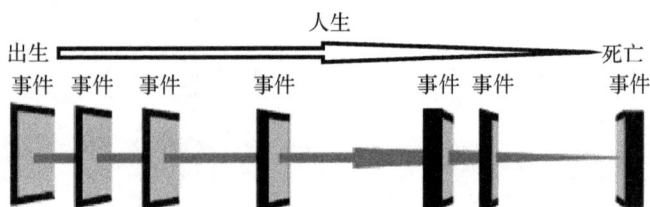

人生切片

　　人的一生,是由若干个事件叠加而成的。

　　有行为才会产生相应的事件,有事件就一定会有完成事件的诸多动作(行为),有动作就一定有动作的先后顺序,完成事件的过程就是一系列动作的连续反应。而行为与行为之间的先后次序,会让人产生空间感。人们的行为本身会对人的感觉造成一定程度的刺激,人们因为这种刺激感觉产生时间感。

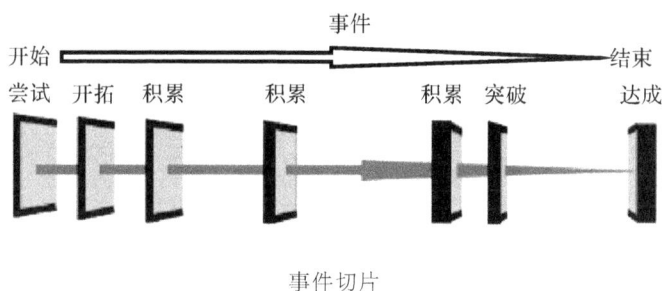

事件切片

人生的过程是由若干事件叠加而成的。这些事件各有不同。每个事件的完成过程，其发展规律都是大同小异的。事件的发展都是从尝试开始，在尝试中进一步开拓向前，然后不断积累经验，实现突破，最后达成目标。

举一个简单的实例：一个人要把东西从 A 点拿到 B 点。

第一步，人需要走到 A 点；

第二步，需要把手伸向物品处；

第三步，要使用手指与手掌抓握的动作拿起物品；

第四步，拿起物品走到 B 点；

第五步，放下手中的物品。

我们可以看到，即便是这样一件简单的事情，它的整个过程都需要至少五个步骤来完成。每一个步骤的动作又可以分为更细致的分层动作。就像走路，我们要一步一步地走，步伐的大小与快慢会直接影响完成这件事情的效率。我们走的路线，是曲线还是直线？如果使用交通工具，使用什么样的交通工具？这些都会直接决定从 A 点到 B 点所需要的时间。重点在于,所有的这些过程都是可以由我们自己来把控和决定的。

每一个层次的熟练都是建立在行为的不断强化与优化基础上的。如果我们可以把控具体做事的方式,选择更适合自己做的事,那么我们大部分命运就可以掌控在自己的手里,人生的过程和结果也将完全不同。

综上所述,事件是有层次的,这个层次指的是组成事件的行为的先后顺序。强化及优化每一层次的驾驭能力,有助于人们更好地与社会连接,增加自信心。

有很多家长会把处于青春期的孩子送到心理咨询室,这些孩子有着很多共性的问题,其中最明显的特点就是他们参与社会实践的机会非常少,生活能力很差,懒散,不喜欢做事,也不做家务,现实感弱,更多地活在想象的世界中。另外,他们大部分衣食无忧,对金钱概念弱,学习没动力,没有野心,安于现状,又深感无聊,大多数时间都提不起劲。哪怕是在理性层面,他们非常清楚地认识到自己要好好学习,可是在行为上还是会非常拖延。

很多养育者都有疑问:孩子不做事与产生心理问题有什么关系?大多认为做事是大人的事,孩子不需要做什么事情,甚至认为孩子做家务都是在浪费时间,干没用的事情。那么我们就先来了解一下孩子为什么那么喜欢游戏,甚至会沉迷游戏,不喜欢现实世界,也没有努力的动力。

其实,这都与孩子的成长需求有关。

人的成长分为生理和心理两个部分,身体上的生长只要照顾好饮食起居就可以了,更为复杂的成长是心理上的成长。

一个人的心理成长是需要借助做事获得人生体验来实现的,人们需要在行为的过程中感知丰富又复杂的世界,智慧本身就是从解决事件的各种困难来获得的。智慧可以解决问题,把握细节的变化,有效降低焦虑感。

然而当一个人在现实中无事可做,无法启动现实中的行为时,就发现游戏中的"任务",于是这些在现实中没有与事件建立起关系的人,就在游戏"做任务"里找做事的感觉,它恰好满足了人类想要做事所能体验到的层次感和意义感的需求。但可惜的是游戏中的行为与现实相比,不但过于单一,而且也没有让人们的身体参与进去,甚至许多游戏的任务是脱离现实的,游戏并不能弥补与现实连接的缺失。这造成了身体感觉系统和行为经验的不统一。游戏无法让身体感受到真正的刺激和训练。人们的身体感觉依然处于关闭状态,即便想通过游戏任务来弥补缺失的时间感、空间感、意义感和价值感等,也会因为与现实之间存在巨大的差异,无法完全满足一个人的成长需求。游戏无法让人学会对现实的驾驭能力。我们身边就有许多在游戏中非常"努力"的人,努力本身是非常难得的,只是用在了一个非现实的虚拟世界中,这种能力暂时还无法平移到现实里,所以很多游戏中的行为都成为无效行为。

　　精神感受进入了虚拟世界,可我们的身体还留在现实世界。虚拟世界的精神无法抛弃身体一直留在虚拟世界之中,精神与身体只有保持紧密相连,我们才有机会在现实事件中获得空间感和层次感,进而生成逻辑意识。

　　当精神脱离现实时,就会产生过度理想化的思维,就像被传销组织洗脑,或沉迷虚拟世界中的美好等,都是精神世界脱离了现实的表现。这时的人们一旦让其感受到现实中无法摆脱的责任时,就会感觉难以接受,脱离现实越远,就越难以融入现实。

　　我们在现实中看到了事件的层次,也在我们自己的身上看到了精神与身体的两个不同层面。这两者之间的结合关系就是,我们必须先整合自己精神与身体的两个层面为一个整体,紧密相连,再共同参与事件之中,去体会事件中的每一个层次给我们带来的感觉。

　　我们的身体和感觉只有都在现实里,同时参与其中,才能获得更准确的现实智慧,否则就很容易造成眼高手低的结果。

　　人们在做事的过程中所获得的经验都是在提升一个人的社会功能。这些经验是从完成事件过程中的每一个分层细节中获得的,无法直接从认知理论里获得。

　　层次间的间隔与停顿会进一步强化人们对层次的感受力。

有了层次的感受后,人们便可以拥有更强的规划能力。

行为与意义

行为本身需要意义做动力,同时行为又会增加人们更多的意义感,如下图所示。

意义与行为互为助力

事件中的成功体验会极大地满足人们的自恋感。当一个人行为能力受挫时,其能量无法顺畅地向内或向外流动,能量会因聚集太多无法流动而发生能量阻塞。这时能量就需要一个桥梁,通过桥梁的连接,让能量流动起来,而这个桥梁的"使者"就是行为。

如果没有行为作为所有关系之间的连接桥梁,人们与物质的能量就会各自停在原地。"能量通道"让能量可以有次序、有针对性地去应对事件。有了行为作为能量嫁接的桥梁通道,能量就有了更多释放自身的机会。

当一个人缺少行为时,生命的能量便无法在丰富的连接中完成循环流动,失去能量滋养的人便会走向抑郁、焦虑、迷茫……直到有一天,行为重新接起桥梁通道,人才能重新获得能量的滋养,困扰的感受才会慢慢消失。

(3)时间感和空间感

最为纯净的能量浑然一体,内部互通无阻,没有杂质的阻隔。如果能量中出现一个障碍物阻断了能量的连接,这时就必须翻越中间阻挡的障碍物才能继续获得连接。障碍物的出现,拉长了原本的空间距离,为能量的流动延长了时间。

正如人与人的认知越是接近,越容易"秒懂"对方,相反,认知差异越大,越需要花费更长的时间去解释、澄清之后才能连接得上。

时间感觉

时间是事件过程和发生顺序的度量。时间包含时刻和时段两个概念。

事件的叠加与事件自身内在次序的层次感,会让一个人对时间的存在感更清晰。

事实上,我们每一个人都有三个时间,第一个是客观时间,也就是我们说的时钟,第二个是我们自己身体的内部生理时间,第三个是每个人独特的感觉时间。生理时间与感觉时间都是因人而异的,与客观时间不完全相同。虽然这两种时间与客观时间不完全一样,但是会参照客观时间。

客观时间

客观时间是根据太阳与地球的公转和自转规律做的一把"尺子",这把"尺子"上面的刻度将每一天的变化规律"刻"上记号,并以这个记号为准来安排一天的生活。钟表的指针就像太阳的位置,提醒人们要跟上太阳的节奏生活。

生理时间

第二个时间是人类的生理时间,也就是我们所说的"生物钟"。人的内在时间规律是由每一个生命体自己决定的,它虽然会跟随自然时间一同变化,就像人的内部时间一样,无论有什么样的差异,终归还是会慢慢长大再慢慢衰老,这个大的规律不会改变,但存在一定的内部时间差异。

每个人的内在生命时间长短都是不同的,人的身体内部有一个"时钟计时器",我们生理上的时间状态和客观时间虽然在度量方式上都是一样的,但这两种时间存在一定的偏差。动物也是如此,猫的寿命最多只有十几年,狗一般能活 15 年左右。它们衰老、死亡的速度比人类要快得多,这是由它们的生理时间决定的。

决定内部时间快慢的因素主要有两个，一是遗传原因。在衰老速度上，有人快，有人慢，哪怕他们的生存方式和人生经历一模一样，仍然存在着这种先天的内在时间差异。另一原因是后天因素，涉及人的生活方式。比如，一个人长时间保持喜悦、平和，并且能保证良好的作息规律，有充足的睡眠，他的生理时间就会变慢，他的衰老速度也会变慢。而另一个人心态糟糕，常年处于焦虑状态，作息时间紊乱，严重缺少睡眠，甚至毫无节制地吸烟、喝酒，那他的生理时间就会变快，人也就衰老得更快。一个人的生理时间与人的自身行为是息息相关的。

感觉时间

人们内心对时间长短的感受不一定与客观时间相同。个体之间差异巨大，其长短主要由人们感受到的刺激决定。刺激会让人们对发生的行为印象深刻，同时对时间感觉也更加清晰。

刺激对人造成的痛苦感觉强度会让人们的时间感更清晰。

行为动作越是连贯流畅，感受时间就越短，行为动作越是卡顿，感受时间就越长。所以，我们每个人的内在时间是可以被感觉拉长或缩短的。

能量的高低也决定了时间感受的长与短。

一个人的内在时间感觉与痛苦和舒服的感受有着直接关

系。当一个人受到了不舒服的刺激时,就会增加他对时间感受的长度,他就会感觉时间过得很漫长,"度日如年"。当一个人感觉美好快乐时,他的内在时间感就会变短,明明已经过去 1 小时了,而他的感觉可能只是过了十几分钟。人们会因为感觉时间与现实时间的巨大差异而大吃一惊。

人与客体世界之间的"间隙距离",决定着时间感觉的长短。越是浑然一体,事件的分层距离越短,人们的时间感觉就越短,这时人们的能量就越高。在行为过程中,事件的分层间隙距离越大,能量越散乱,人们的时间感觉就越长,能量状态也越低。

人(主体能量)与客体(自己以外的物质能量)的能量也有距离,我们称比较近的距离为间隙,称稍远的距离为空间。能量与能量之间的距离极其微妙。

当人与这些客体接触时,就会产生能量的彼此渗透与融合,融合后便开始在两者之间流动。然而,任何不同能量体之间的对接和融合,都有可能出现排异反应。就像一个人看到 A 时,感觉很喜欢他的性格,很愿意与他交流,他们之间的能量融合就很快,而当他遇到 B,B 身上的许多性格和习惯都让他感觉不舒服甚至排斥,这时他的能量与 B 就很难像与 A 那样快速融合。他们之间产生的排异反应就比较明显,能量间隙的距离也较大。

能量的不契合,会造成能量总体流动变慢,就像想进入一个房间却被外面的大门阻挡在外,能量因碰壁而返回,只能重新寻找其他能量的对接口。当人的能量多次被阻挡在外后，就会变得沮丧，不想再主动释放能量与外界连接了，能量就会慢慢变成一种不流动的停滞状态。

在能量流动变慢或停滞的过程中，人们会感受到煎熬、焦虑，甚至抑郁。所以说，一个人内在的时间感觉与他的心理健康水平是有直接关系的。

(4)行为与时间的距离

我们如果只停留在"想"的层面，不使用行为来完成事件的话，那么很容易让能量与能量之间产生间隙，这个间隙会让能量流速变慢，进而演化成焦虑。投入的做事方式，可以缓解甚至消除部分心境障碍。因为投入地做事，等于我们与客体能量更流畅地融合，这会缩短内在的时间感，产生更高的能量，直接表现出来的就是更高的做事效率。

并不是所有人都有能力去感受内在的时间，尤其是对那些与自己内在能量较隔离的人来说，他们就很难感受到自己的内在时间。我们要澄清的是，感受不到内在的时间，和能感受到内在的时间短，是完全不同的两件事。我们感受到的内在时间是由内在能量与外部能量流动时的空间距离决定的，无法感知并不意味着内在能量与外部能量没有距离了，而是与自我的内部世界隔离所致。

从时间上看，一个人内在的能量与客体的能量流动会被行为分层,并间隔成一小段、一小段,每个小段之间都需要一定的时间来跨越,它们间隔的时间长短不一。事件的层次感越清晰,这个间隔的空间感和时间感就越清晰,因为清晰的层次边界会成为能量流动跨越的起点和终点。间隔的空间感会直接被能量流动的速度缩短或拉长。终点与起点就是能量连接的两个边,边界越清晰,人们就越知道从哪里开始,到哪里结束,整个大的事件由多少小事件连接,耗时多少。

一个人时间观念不足,会造成拖延。情绪阻抗也会造成拖延。

时间感觉对一个人来说是非常重要的,我们可以看到大量的人存在拖延和较弱的时间观念。这些人往往缺乏行动力,从而缺乏对事件的感受经验。这与他们生命中发生的事件总量不足有关。事件总量指的就是做事的数量总和。没有足够多的事件经历,人们就无法体验到内在时间感觉。想让一个人产生较强的时间观念,就需要他们去完成更多的事件,并且事件越复杂,层次感越强,越有利于形成一个人的时间感觉和时间观念。

事件的复杂性与事件产生的层次感成正比,越是复杂的事件就越容易产生层次。相反,越简单的事件层次越少。但随着对事件层次的兼容性越来越好,内在的时间感觉就会变短,能量更加浑然一体,这也是一种提升能量的有效方法。

行为本身就是生命力的体现,生命过程如果没有行为的参与,就很难感知自己生命的存在。没有对生命的感知,那便是无尽的迷茫和虚无,我们又怎能感受到安全呢。

空间距离感觉

一个人的空间距离感分物理距离和心理距离。物理距离是比较容易理解的,但心理距离与物理距离不同。两个相隔万里的人,他们之间的心理感受可以非常近,甚至会感觉,两个人并未分开。这就是人心中的感觉空间,它是人们心理空间的距离。

感觉空间的远与近也是由两人内在的能量距离决定的。例如,我的感觉和你的感觉都是差不多的,这个能量间隙就近些;我的感觉与你的感觉完全不同,相差有多远,能量间隙就有多远。我们可以从两个人的不同三观看到内部能量的距离远近。

行为上对空间的跨越是一个可见的动作,而感觉空间里的跨越却是一种能量消耗,感觉空间的距离越远,想要跨越所需的能量就越多,感觉空间的距离越近,想要跨越所需的能量就越少。大多数时候,人们会将跨越内在感觉空间距离的行为转化为现实行为,如努力让对方更能看懂自己、理解自己,这就是在为跨越内在感觉空间距离而付出努力。

(5)存在感

存在感对一个人来说是确认自己是否还活着的重要依据。一个人的存在感是由我们不断与这个世界连接而产生的。也就是说,一个人只有不断地与这个世界上的人或事物产生能量上的连接，不断地"触摸"这个世界，才能获得存在的感觉，也才能通过周边事物确认自己的"位置"，甚至获得在这个世界上的一席之地。

存在感是我们对自己的定位。

人一出生，刚来到这个世界是很"突兀"的，原本没有属于自己的社会物理空间的位置，这时人们的存在感是很脆弱的。要想加入原本已经有序的人类社会，就需要先适应社会，并积极主动创造机会，从边缘人员变成真正的社会参与者。人类的更新替代也是需要适应过程的。尤其在饱和的领域里，新人"挤"不进去怎么办？就需要为自己开疆拓土，开辟一个新领域，为自己赢得一席之地。当然，这是需要前提的，那就是得先了解社会空间中能量的流动规则和规律。多看，多参与，多帮忙，多思考，这些积极主动的连接，都有助于我们了解这些规则和规律。直到我们在某一个领域站稳了脚，建立了属于自己的稳定的能量循环规律，存在感才会被确认下来。

想做到这点并不容易，所以，带着焦虑和爱心的养育者为孩子创造了参与社会之前所需的提前准备。孩子所有学过的知识都是为了两个层面的目标而努力。第一层目标是为了最终可以成功参与这个社会，也就是先活下来。第二层目标是为了最终可以消除无知的恐惧，让自己变得更通达、自信、幸福。

人的存在感需要周边的参照物来帮助进行自我定位，在不同的参照物下,人的自我存在状态会有所不同。就像我们站在一只蚂蚁身边时,我们会感觉自己是一个巨大的存在;而在一头大象面前,我们会感觉自己只是一个身体弱小的人。我们通过不同的参照物来认识自己是什么,对自己每一次不同的认识,都会发现自己一些不同属性的特点,同时还确认了我们自身不同的价值与意义。

我们会通过与客体的互动,了解我们自己是谁,进行自我定位。就像我们要通过不断的行为尝试,知道自己喜欢做什么、不喜欢做什么,要通过与人的关系连接,去满足我们爱别人和被别人爱的需求。这些能力被统称为"社会功能"。所有的心理问题都伴有社会功能的明显不足。要么是之前社会功能较高,现在出现心理问题后,社会功能减退了;要么是社会功能一直未能发展起来,处于较弱、待开发的状态。

有人可能会好奇地问,一个人的社会功能发展起来了,那就说明他有充分地参与劳动,怎么还能倒退回去呢?这就是我们需要一直持续地用行为参与这个世界的原因。就像我们吃饭、睡觉一样,不是只吃一顿饭、睡一觉就可以管一辈子的。做事的频率应在身体能承受的范围内,越多越有利于一个人的心理发展。对事件的把握能力是消除人类心理问题的有效手段,它能提升人类对生命的驾驭能力。

我们承认自己是有价值的,才更容易相信自己是值得拥有爱与被爱资格的。如果一无是处,就会多出很多担忧,会担忧别人不喜欢自己,会担忧什么事都做不好,被人嫌弃,甚至被人抛弃……只有对生命有更高的驾驭能力,人们的内心才能变得更踏实、安全、自信,才不会感到恐惧。这些都是对自我存在的肯定。

我们可以做出这样一种结论,"我们对自身生命的感觉是通过行为让能量与能量不断连接确认下来的"。我们真的"活着",不仅仅是由我们的生命迹象决定的,还由我们对自己生命的感觉决定,而这种对生命的感觉是由能量流动的方式决定的。这一切都会帮助我们确认我们属于这里、存在于这里。

(6)自恋感

自恋是对自我的一种喜欢和认同。

每个人都有自恋的需求,自恋感是一个人的生命之源。恰当的自恋将会转化成能量,一个人有了能量,便有了应对和处理问题的能力。

人们把自恋分为健康的自恋和病态的自恋两种。我们需要通过更合理的方式爱自己。自恋与责任是一对重要的平衡关系。健康的自恋是以不损害他人利益为前提来认同自己。

科胡特认为自恋其实是人类的一般特质,每个人特质上都是自恋的。自恋是一种胜任感,是因经验而产生的真正的自我价值感,是一种认为自己值得被珍惜、被保护的真实感觉。

也就是说，人是应该适度自恋的。只有当人过度自恋，超出社会的容忍范围，不能使自己受益，甚至还损害了他人的利益，才会被称为不健康的自恋。

3.能量传播的收获——果实

一个人不播种能量的种子，自然得不到能量的收获。种下什么样的能量种子就会收获相应的能量"果实"。种下好的、高能量种子的人，经过种子能量的再传播，就会形成更大的能量回馈回来。这些能量是难以用线性因果直接推理出来的，能量种子和能量一直循环流动着，最后巨大的高额能量回报可能会是一种意想不到的形式。

有时我们看一个人好像也没做太多事，但他总是运气很好，收获很大。其实在我们看不到的地方，可能正集聚着某些能量在流向他。

对一个行为能力缺失的人来说，他的能量是不可能高的。他得过且过地生活着，没有自我定位，没有目标，也没有动力。

一个人的所有认知都是通过做事，从而不断与外界连接获得的。就像他吃完白面馒头，再吃个窝窝头，才知道两者究竟什么滋味。当他亲自从很远的地方挑回一担水，他就会知道这水来之不易，自然不会随意浪费。当事情做多了、做久了，突然有一天,别人出来帮了他一把,这时他心中就会产生感恩之情。因为他知道,做事情是多么辛苦,并且认为本来是需要他自己来做的。心中没有对别人的依赖,任何来自外部的帮助都不是应该的,自然就会产生感恩之心。这种帮助会让他感觉到爱。如果这些事他从来都不做,也从来不为自己的人生负责,那他就真的无法体会"恩"是什么、"爱"是什么了。

所以我们才说,让一个人学会自力更生,人格独立,承担属于自己的责任,边界清晰,就必须通过大量的行动去做更多的事才行。这才是对一个人真正负责的养育方式。

任何一个人如果被限制在一个非常单一的方式下生活,那就如同被困在一个"牢笼"中,这个牢笼里没有新鲜事,只有外界不停地往脑子里灌输似懂非懂的认知。而这些认知也无法得到现实的验证,无法被真正吸收,最终他还是混沌的。

这种单一的生活方式代价巨大。而这种让人缺乏现实能量连接的状态,会慢慢让人变得越来越依赖他人,没有自己去连接世界的能力和经验。人会变得越来越不自信,缺乏勇气。因为没有行为经验和能力,无法获得生存的主动性,进而缺乏自主能力和见识,无法获得更丰富的自我感受。

正是因为缺少了做事(行为)这个环节,所以无法确认自我能力和自我价值,也没有自我实现的感受,自我感无法建立起来,建立自信更是无从谈起。人格无法独立的人又怎么可能有能力独自去承担责任呢?

　　人生的幸福没有太多的捷径。要自己种下高能量种子,用心经营,结出高能量的果实来滋养自己。内源能量别人是很难全部给予的,外部力量最多只能通过暂时的能量补充或修复,来缓解眼前的问题。最终事情还是要自己去做。如果不种能量的种子,不与世界连接,那后面就要一件一件补回来,重新获得属于自己的感受和经验。

　　想种下高质量的能量种子,就要学会做事,这是每个人成长的必修课。如果前面没学,无论长到多大,依然需要补课。不会做事不能成为不做事的理由,而喜欢做事的前提是热爱生活。学做事是因为对生活好奇,能量只是顺带的结果。与其说,我们要用行为去播种好的能量种子,不如说,被对生活的好奇心驱使着,种下了更多的能量种子。这个过程越不费力,说明我们与生活的融合度越高。

　　反过来说,想通过做事的过程获得经验和自信,就需要做大量的事情来确认自我能力和自我价值。通过与现实的融合,可以建立更丰富的连接,建立现实感,建立自我感受以及自我定位。通过强化行为能力,可以让人格独立起来,让边界清晰起来,让自信建立起来。

第三章

能量的动力

一、能量动力理论

动力是人们为生存而产生的内驱力。

动力驱动的是内源能量和外源能量,外源能量与内源能量都有着自己的内驱力,这个动力称为能量动力。

1.外源能量的驱动力

外源能量的驱动力主要体现在生存和性两方面需求上。人饿了要吃饭,因为饿着难受,不舒服,就会产生去寻找食物的动力。人们追求物欲满足的第一层动力就是生存满足的动力。性的满足同属第一层重要的内驱力,在第一层动力需求得到满足后,人们将外源能量的动力升至第二层,那就是追求生活舒适度的动力。

生活舒适度的最大需求体现在居住和出行两方面,也就是房子和车子。外源能量的满足除了居住和出行,就是生活用品。这些满足的动力会相对弱一些。

2.内源能量的驱动力

内源能量的驱动力体现在对爱的需求上。对爱的需求动力从情绪情感、未来能量和精神、信仰几个方面体现出来。一个人如果有自尊、自爱的需求,那么他的生命动力就不会被中断,反之,当一个人不爱自己也不爱别人时,生命的动力就会被减弱,动力大小与心中爱的能量大小成正比。"士可杀不可辱""男儿膝下有黄金"都是自尊、自爱的体现,更是拥有巨大内在动力的体现。本节的主要话题,就是要了解并解决人内驱力的问题。

无论是内源能量的动力还是外源能量的动力,都是用"说"和"做"两种形式表现的。

说和做的最终目的是改变个人与世界,让我们和这个世界都充满活力,生机勃勃,美好和谐。

而启动内源能量的动力离不开与外源能量的交替和转化。

人的一生是被各种各样的事情叠加而成的,最后仍然难免留下遗憾。而我们还是要尽最大努力地热爱生活,真诚友爱地对待身边的一切。无论事态如何,对得起自己,也对得起别人。

每个人活着,都需要一个内在自发的"我想""我愿意"来推动自己产生进一步的思想和行为,这就是内在的动力。

当人们的外源能量得到满足时,更大的能量动力就会指向内源能量,内源能量的动力有好也有坏,其中,好的能量动力是爱、希望,而坏的能量动力是愤怒、恐惧、焦虑等负面情绪。无论是好的内源能量动力还是坏的内源能量动力,都属于人们情绪、情感和认知的范畴。

　　激励人们去做事,即激活外源能量的动力,贫穷、物资匮乏下的人们更容易激活外源能量的动力,而对物质需求不高的人就很难启动外源能量的动力。如果生活得不开心,能量不高,人就容易产生心理问题,此时启动内源能量的动力就显得更加重要了。心理学范畴的启动是指内源能量方面。人与能量的关系如下图所示。

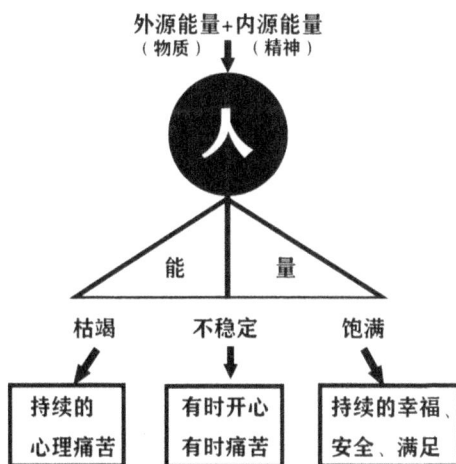

人与能量

二、能量动力之源

关于能量动力,本书有三点研究结论。

第一个:人性本爱。

第二个:爱的能量是被压抑的。

第三个:爱的能量可以治愈一切。

能量在我们这个有时间维度的空间中,最直接的体现形式就是"爱"。

"爱"是人间最大的生命动力,这是真的吗? 我们先向自己追溯几个问题。

假设我是爱我自己的,我会怎么做? 假设我是不爱我自己的,我又会怎么做?

假设我是爱你的,我会怎么做? 假设我是不爱你的,我又会怎么做?

不要着急,请慢慢体会,让心中的答案慢慢浮现,将答案留在自己心中就好了。这是我们自我成长的重要问题,与其他任何人都无关。

能量动力理论认为,人性本爱,爱在每个人的灵魂深处,洗掉外壳的污秽,爱的内核就能显现出来。心灵的纯净状态容易让爱显露出来,纯净的心灵更容易产生爱的能力。

"爱"带给人们无限的美妙体验,让人感到安全,充满活力。

爱可以让人无畏无惧，并拥有更多的创造力。这个世界一切好的发展都有爱的力量在背后推动。爱的美好才是人类愿意去追求的方向。爱是极具吸引力的，它一直吸引着人们前行。

"爱"作为人类最核心的本质，它具有唯一性特点。没有爱的人类，将走向灭亡。当一个人没有爱时，他的内心也不会产生恐惧与顾虑。没有爱的人，冷酷无情，不爱自己，也不爱他人，会肆无忌惮地伤害自己，也会毫无顾虑地伤害他人。如果所有人都毫无底线地互相伤害，那人类连繁衍后代都会成为奢望。

越有爱的人，能量越高，积极的动力越强；越无爱的人，能量越低，积极的动力越弱。爱的能量哪怕只是轻微的波动，都会让人产生明显的不同体验。

具有高能量的人通常会成为这个世界上各个群体的榜样甚至精神领袖，因为他们可以用自身高能量的爱帮助别人变得更好，这是一股具有巨大"推"力的动力，可以推动人们向更好的方向发展。就像一个人总是能量饱满，一开口就能给人们带去希望，令人感到舒服。他温暖、包容、有爱，总是有办法积极应对困难，化解危机，他必然是人们愿意靠近的人。爱，是每一个人都需要的能量，也是最重要的能量。

那些能量极低的人，会被群体边缘化，因为他们总会说，这不行，那也不行，仿佛任何一点困难都能让他们止步不前。他们被动，消极，坐以待毙，会给别人泼冷水，会把珍贵的希望火种浇灭。他们做不到成人之美,反而会破坏别人的好事,拉低别人的能量。他们令人不舒服,人们会自然地远离他们。

人间的爱,大部分都是有分别的爱,这种爱属于小爱。也就是说,爱的人或事越少,爱的力量就越小,爱的人或事越多,爱的力量就越大。而无分别的大爱力量最大,能给人带来的动力也最大。

如果说爱是一种"法术"的话,那爱的大小,就直接决定了一个人"法术"能力的强弱。无论我们爱谁、怎么爱,它都是带给我们动力的源泉。反之,没有爱,便没有动力。

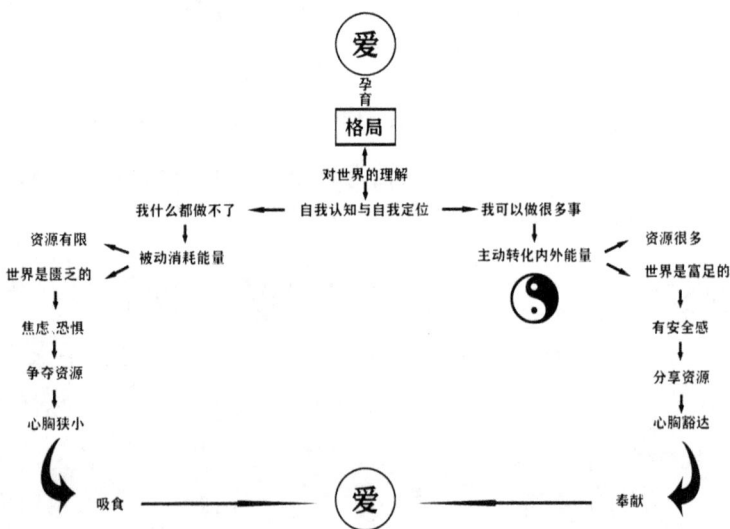

爱的两种情况

三、能量无处不在

这个世界上的能量是一个大的平衡体,最高的能量状态就是最纯净的爱的状态。能量若能实现正循环,爱的能量就越来越高;若是负循环,能量就会被压得越来越低。我们可以从中感受到的最直接的规律就是,爱越饱满,人越幸福,爱越枯竭,人越痛苦。

爱既然是无处不在的,那是不是我们躺在这里就可以拥有它了呢?当然不是,就像我们的生活需要空气一样,虽然我们身边充满了空气,每个人都被空气包裹着,可依然需要时时刻刻的一呼一吸,不断交换空气,延续生命。

吸收爱的能量并不亚于空气对我们的重要程度。能量对生命而言的最大特点就是流动性,就像我们呼吸需要一直不停地与能量进行连接,与之交互,让其流动。我们身边能连接的能量既包括外源能量(物质世界),也包括内源能量(精神情感),所以就得多做事,爱自己,与自己和谐相处,也要爱别人,与别人和谐相处。只有这样,才能让我们更顺利地吸收爱之能量。可以说,任何痛苦都是能量流通不畅的结果。

可以让我们的能量一直流动的方式就是与这个世界产生交互,这是我们获得爱的能量的最有效方式。一个人只要有了更多的爱,就会更加热爱生活,充满活力和激情,对一切充满好奇,愿意去探索。当自己"碗"里的饭吃不完时，多出来的才舍得分给别人吃，这便是一个人爱的能量饱满时，会很自然地回馈社会大众的原因。

儿童是离爱与恨最近的人，因为他们的爱与恨都尚未苏醒，还处于"沉睡"状态。这时的他们是无知的，无论先唤醒哪一种，他们都会更容易向极端方向发展。

能量动力理论认为人性本爱。每一个人的本性都是有爱的，但这种爱在人的身体中处于沉睡状态，需要将它唤醒。当人们爱的力量被一点点唤醒时，要保护好它，不让其受到破坏和压抑，这样我们才能真正获得追逐幸福和美好的力量。没有被唤醒爱，或爱之能量遭受破坏和压抑的人，就会处于无知和冷漠状态，做着混乱的事情，甚至连恐惧是什么都说不清楚。

四、启动能量

爱的力量推动和吸引着世间的一切生命。无论是哪一种生命形式的存在，都源于爱的滋养。

获得健康生命的人类，需要知道自己是怎么存在的，需要感恩这世间正在滋养着我们的一切。这会让生命变得更伟大、更幸福。我们在看到这一切并感恩这一切的时候，心中已然与爱相连。充满了爱的人又怎能不幸福、不快乐呢？相反，那些心中看不到美好、没有感恩、能量封闭的人，只会感受到痛苦。

去看或者不去看,去感知或者不去感知,都是我们自己的选择。我们拥有感受能力,却可以决定是否用心去感受。我们拥有思辨能力,却可以选择是否去思考、去辨识、去论证,甚至是去寻找令我们感到困惑的答案。我们要成为一个什么样的人？这些都由我们自己去定位、去践行。

所有的痛苦都源于"爱"的缺失。有什么样的心理之痛是爱奈何不了的呢？爱是催生能量的源泉,没有了爱,便没有了能量的滋养,结果只有生命的枯竭。

爱如此重要,从古至今,人们都在围绕"爱"演绎着不同版本的人生。"爱"是一个永恒的话题,它永远是人类命运的核心。"爱"是人类获得幸福的最大筹码。如果我们能够获得以下三种爱的能力——爱自己的能力、爱别人的能力与吸收爱的能力,那么便获得了人生幸福的能力。

想要获得爱自己的能力,首先要理解自己,而理解自己的前提是感受自己内心的声音。那些发出来的声音就是我们感知到的信号。我们需要对这些不同的"信号"做出相应的回应。爱的回应质量越高,收到的能量滋养也就越多。

想要获得爱别人的能力,前提是理解别人,然后再用恰当的方式与之连接,做能量的交互和滋养。

想要获得吸收爱的能力,需要自己先放下防御,打开自己。这需要有较独立的人格,才不会轻易遭受外界的伤害,可以吸纳

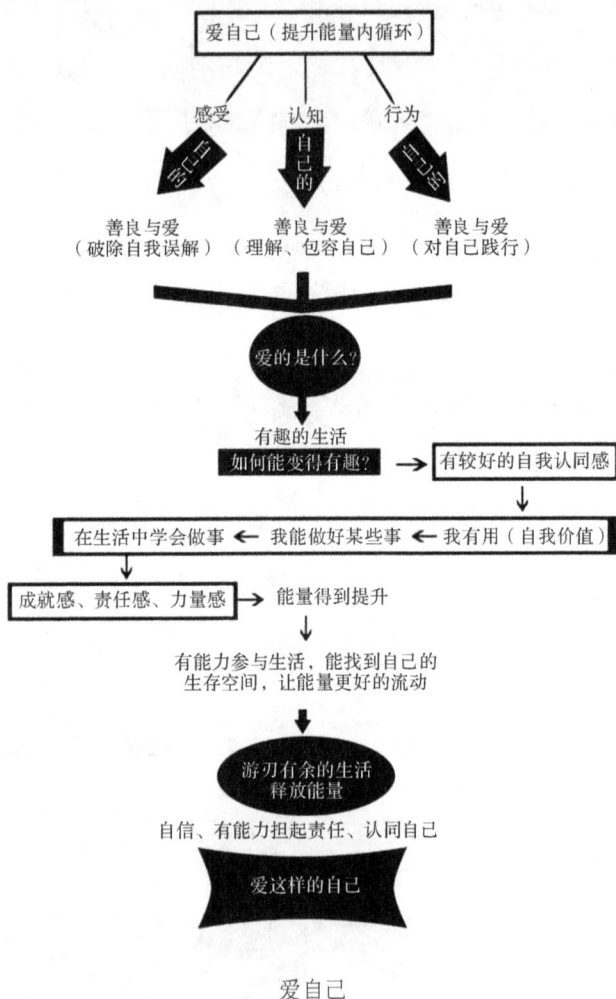

爱自己

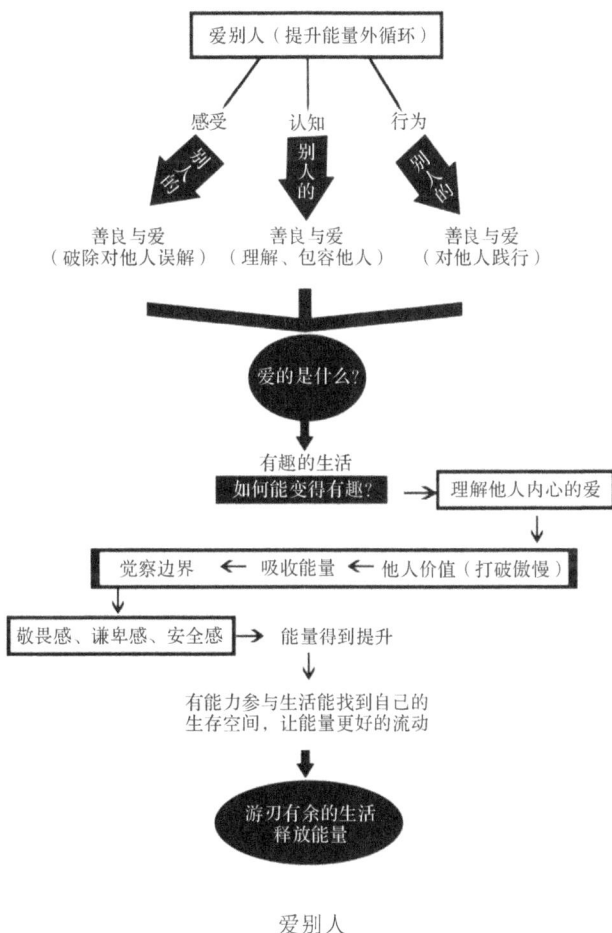

爱别人

自己需要的能量,从容过滤对自己无益处的能量。

爱的能量是内源能量,存在着两种爱的流动滋养方式。一种是能量的内循环,一种是能量的外循环。能量动力理论主要讨论的是内源能量的内外循环。"爱自己"就是内源能量的内循环,"爱别人"就是内源能量的外循环。

启动能量动力听起来像是在操作机器,而人是具有情感的,所以我们换个说法,把启动能量换成唤醒爱。只有爱才会让人变得更有人情味。

唤醒爱对任何一个人来说都是大事,它是人生这场"马拉松"迈开的第一步。我对如何唤醒爱的动力做了一个总结。

唤醒爱之动力需要经历七个阶段。

1.经历困难挫折。

2.感受到无助。

3.得到解决或得到帮助。

4.多次受挫,重复体验困难与得以解决这个过程。

5.产生边界意识,开始自立,也懂得得到帮助不是必然的。

6.产生感恩之心。

7.回报社会。

一个人想要变得有良知,懂得爱,懂感恩,懂奉献,那就一定要经历挫折,而且还得是反复地经历挫折。

人生一定要多经历些风吹雨打,才能让一个人的人格变得更坚毅、更勇敢、更有情有义,如果只是一直享乐,就不会具备这些品质,并且还要遭受痛苦的结局。这样说是不是感觉太绝对、太残酷了? 其实,我们并不是在寻求自虐,而是为了现在多得到一点历练,以后可以少吃点苦头。

温室里的花朵是脆弱的代名词,风吹雨打就是野花所经历的挫折,而野花格外充满生命力。

人们的智慧就是痛苦开出来的花朵,痛苦既善又恶。当痛苦获得了使命和意义感时,就能被升华成更高的智慧和善。当痛苦无法获得意义时,它就可能是恶的。那什么才是付出痛苦的最大意义呢? 也就是说,这个痛苦,付出得值不值得是什么决定的? 答案是:由付出痛苦的代价后所能收获的美好回报决定。美好的体验是爱铸就的,因此,"爱"是一个人是否愿意承受痛苦的重要筹码。如果单独拿出这个结论看,那实在是太抽象了,让人难以理解,可是,当我们了解了前因后果,就不会显得那样抽象,不好理解了。

是否要经历痛苦,也可以是一种人生的选择。正如,明知山有虎,偏向虎山行,愿意迎难而上,是由我们能否看得到这种付出所换来的甘露决定的。

现在我们将这七个阶段放在生活中进一步加深理解。

当一个人遇到困难并且解决不了的时候(第一阶段),如果我们不去帮助他,他就会感受到无助与艰难(第二阶段),这时我们可以教给他一些操作方法或让他自己想办法解决问题、克服困难(第三阶段)。当他克服了困难后,就会感受到一份前所未有的成就感,我们也将它称为高峰体验,这种体验让他感受到存在感和价值感,感受到"我"的力量。事实上,他在接触事物、遇到困难又去解决问题的过程中,一直都在与外面的能量进行交互。这种美好的体验正是他从外界获得能量滋养的体验。每一个美好的体验都会让人想重复经历,这就是美好感受的魅力所在。我们在前面解释过,一切美好的体验都是爱幻化出来的,因为所有一切美好的感受里都有安全感和正义感,也拥有无限的动力。这个美好的体验是人们建立自信的开始,潜台词是我可以通过自己的努力获得这样的美好体验,重点落在了"我可以"三个字上。

所以,一个人可以独自完成一件事是多么重要。不但如此,人还需要反复通过自己的努力而获得成就感的体验,进而拥有丰富的历练(第四阶段)。原本枯燥的工作,慢慢地,会变成一个令人着迷的有趣过程,人会变得更加专注,更加投入,甚至达到与自己所做的事情共生的状态。这个时候的人会更加有自觉性和积极性,不需要催促或督促,会自然而然地变得不怕辛苦,热爱劳动,热爱生活。

充满干劲并热爱生活的人是不容易遭受心理疾病侵扰的。这时,人也在慢慢地产生边界意识和独立自主的人格。如果每一次他遇到困难时,我们都直接帮助他解决,他就会认为这是理所应当的帮助,导致他不但无法获得自我成就和自信感,也无法发展出更为清晰的边界意识和独立自主的成熟人格。这四个阶段要反复经历,不断强化坚毅的人格与意志。人的感受系统需要一个适应过程,反复刺激、强化好的感受,生命系统才能最终确认它。

当上述四个阶段历练成熟后,便会有一个质的飞跃,也就进入了第五个阶段。这时人们会有更清晰的边界意识,知道自己可以做什么,不能做什么。人们愿意主动承担更多的责任,这种承担是能提升自尊感的,是对更高尚、更尊贵的自己的一种认同。当一个人对自己有了更尊贵、更有力量的认同时,他便会更有节制力,会自觉地向更好的方向发展自己,会对自己负责,也会发展出对他人负责。这时他人格里已经有了更多的自信与正义。充满能量的他在这个时候会从灵魂里升发出一种良知,尤其是在无法做出选择的时候,良知就会出现,指引他选择朝向自己良知认同的方向。当这个阶段扎实之后,人们便会进入第六个阶段,产生感恩之心。人们会非常明确地知道别人并不是必须帮助自己,而在得到帮助后也会回报他人。在这第六个阶段里,仍然需要较长时间的反复历练,让心性达到稳定的状态。直到自己的生命与感恩融为一体,这时便会进入最后一个阶段,也就是第七阶段,回报社会。

当一个人进入最后也是最高的第七阶段时,自身能量已是饱满的,再多的能量便会溢出来,流向周边世界,滋养别人。因此,这个阶段便是可以回报社会的阶段。我们可以看到,这样的回报完全是一种自然而然的现象,没有一丝一毫的勉强,是一种发自灵魂深处的大爱之心。只因心中有慈悲而回报,而不是为了任何私欲才回报。人可以在这样的回报中获得能量的滋养,产生无与伦比的喜悦之情。

爱就是一个人内在的定海神针,是内在的修养,是能量的重要源泉。只要内在有爱,能量就取之不尽,用之不完。

五、能量的强弱

每个人都是一个装着能量的"容器",一个人的精气神就是能量向外散发的"光泽"。有的人很年轻却没有精气神,有的人虽然上了年纪,但很有精气神,我们可以通过人的神采来判断一个人能量的高低。这种能量的高低是不断变化的,并不是一成不变的,即便当下有很好的精气神,能量纯度较高,也需要用心保持和维护才行。

能量需要"守",还要不断地提升纯度,如何守住自己的能量不泄?例如可以集中精力做一件事,每件事都不是敷衍的。如果应付了事,这种应付的状态就会泄掉能量。

那应该如何为能量提纯呢?能量与爱是分不开的,而爱之力量的大小是由爱之能量的纯净度决定的。

一杯纯净水，人喝了会得到它的滋养，可是在水中放些不干净的东西，喝了就会对身体造成损害。虽然可能并不致命，可是如果每天都喝，日积月累就会造成生理疾病。

无论是我们自己制造出的"爱"还是我们平日里吸收到的"爱"，大部分都是这种不够纯净、掺杂着各种杂质的小爱。

那究竟什么样的爱才是更纯净的大爱呢？

带有目的的爱都是不够纯净的爱。反之，没有目的，只是发自真心地愿意让对方更好的爱才是相对更纯净的爱。愿意全力以赴地付出切实的努力，没有比较和私心杂念，才能有更纯净的爱。这显然并不容易做到，但我们起码可以了解，这个方向是通往纯净的大爱的方向。

大爱是充满远见的，而不是仅为一点眼前利益就不惜代价，甚至不择手段。我们需要谨记一点，那就是无论我们做什么，如何付出努力，都只是为了让自己和身边所爱之人更轻松快乐。

如果我们严苛地挑剔爱的纯净度，那我们几乎无法在任何语言的表达方式中找到百分之百的纯净。所有语言对爱的表达都是存在杂质的，如果把语言与行动进行对比，行动就要比语言显得更靠谱些。

爱是美好的，让人舒服，无论我们通过说还是通过做，最终都应该落实到让人没有恐惧、没有压力、内心喜悦的状态。

在工作中,我经常会遇到一些情侣因为感情问题而纠结痛苦,前来求助。他们大多数人来的目的不仅是化解矛盾,甚至一些人并不是完全想要解决他们的情感问题,而是想要为自己找个判官,为他们的付出和行为评理。

当"爱"变得像交易、像买卖,再谈我们是相爱的,就显得太虚伪了,在一起的两个人又怎能不辛苦呢? 如果我们能更清楚真爱的概念,就能看到,那些想找人评理的人,爱的只是他们自己,而并非对方。

六、能量的连接

积极心理学认为,幸福来自与他人的愉快交往。换句话说,幸福来自与人友爱的交往,爱可以在关系中顺畅地流动,那自然就会有良好的人际关系。所以,有爱的关系是令人愉快的。

我们灵魂深处的爱一直被深深地压抑着。爱的压抑可被粗分为两个方面,一个是对自己的爱被压抑了,另一个是对别人的爱被压抑了。

压抑了对自己的爱会表现为忽视自己的需求和感受,把与自己的连接变得单一无趣。

压抑了对别人的爱会表现为不能充分地表达清楚对别人的善意,甚至被别人误解了自己的善意,于是无法与别人发生丰富、有趣又美好的连接。

爱的能量需要流动和连接才能滋养自己和他人,既然爱是一种能量,这种能量的流动又遵循着有序的规律,那么在能量流动的过程中,就需要供能量流动的"通道"。在这里,我将它称为"能量通道"。爱的能量通道就像向外延伸的多条管道,这些管道连接到哪里,哪里就可以受到爱的滋养。

如果一个人特别不喜欢自己每天的生活,感觉做什么事情都不开心,那原因可能是他在不知不觉中"关闭"了自己与世界连接的通道。一个人如果连自己都不了解自己,就算道理上知道自己需要爱自己,也是无法爱自己的。因为他连自己需要什么都不知道,会变得麻木,只知道道理能有什么用处呢?所以想要改变这种无聊又无趣的生活状态,就得改变过于单一的生活模式,去连接更丰富的世界。让能量交互起来,更活跃地流动起来,能量就会提升起来,内心也自然会从无趣变得有趣。

如果爱是被严重压抑或忽视的,人们的行动力也会在没有爱的能量动力下开始拖延。没有连接和流动的爱是无用的。就像很多看似很有爱的理念,最后被贴上无用的心灵鸡汤的标签,人们感觉说得都对,但却无用,现实的痛苦还在,它并没有真正改变什么。这样的爱与我们没有连接,中间没有桥梁,我们不知道该如何驾驭它。那些爱的能量未能真正与我们的现实生活连接,爱并没有流淌在我们与现实生活之间。就像一些长在高树上摘不下来的果实,人们只能看,却吃不到。无法吸收营养,对人们来说,也就变成了无用的果实。所以,爱的能量是需要可触摸和与现实连接的,并非单纯的意识形态。能与生活连接是至关重要的,它一定要具有可操作性。

七、爱的能量

能量的流动是有规律的,就像我们的血液循环系统一样,遇到栓塞是极其可怕的事情,会危及生命安全。而爱这种能量也同样需要流动循环才能发挥作用。如果遇到爱的能量被堵塞,无法流动,人类同样也会十分危险,甚至危及生命。真的有这样可怕吗?下面向大家介绍爱的能量循环。

爱的能量有两种循环,一种是在自身内进行循环,这种循环的表现是我们是否爱自己。另一种是与他人进行能量循环,表现出来的是与别人的关系质量,也就是我们是否能与别人友爱相处。

能量的循环直接决定着一个人的生命质量。如:外源能量的循环不流动时,等于不摄取营养物质,人就会枯竭。而内源能量的循环不流动时,也就是一个人不爱自己,他的精神世界就会瓦解,会自卑,还会厌烦自己,这也就是所谓的心理问题。在这种状态下,人会饱受精神的摧残。

能量的内外循环就是与世界产生丰富连接的重要方式。

生命若没有爱,便没有激情,激情是爱赋予的,没有激情的人会变成行尸走肉。精神的负能量会在人体中产生许多能量"垃圾"，如愤怒、委屈、压抑等各种情绪，这些糟糕的情绪都会存留在我们的身体里。这些情绪垃圾是需要被排出体外的，否则就会一点一点"毒害"我们的身心。如果我们不去连接自己的内在状态，就很难发现问题。

我们要如何将这些情绪垃圾排出身体呢？我们无法直接使用一个导管或仪器将这些看不到也摸不着的情绪垃圾处理掉。在能量动力的研究中发现，可以推动能量内外循环的力量是爱，它可以帮助我们将"垃圾"与外界连接，并运出去。爱的力量可以净化存留在身体中的情绪垃圾，它具有净化能量的作用，它还可以推动我们的思维和行为将无形化成有形的存在，以此来创造和改变这个世界。

我们每时每刻都需要能量的连接、流动和滋养，就像我们每天需要吃饭、喝水一样。

我们可以通过爱来排泄身体内的情绪垃圾。那究竟要如何通过爱的动力去排泄情绪垃圾，又如何得到爱的滋养呢？

一方面，要连接自己。通过认知自己，我们可以了解自己喜欢什么样的感觉，不喜欢什么样的感觉。如，我觉知到，我喜欢对方真诚地对待我，我不喜欢被戏弄和欺骗的感觉。我还觉知到，我喜欢电子科技、电脑编程，但我不喜欢舞蹈和绘画……这是因人而异的。当我们知道自己喜欢什么和不喜欢什么的时候,便有了可以为自己争取这些利益和提升自身能力的依据。随着自身能量的提升,爱的能量的提升,我们便会发生越来越多良性的变化,我们会变得更懂得感恩、尊重和奉献。同时,我们也会拥有越来越多的智慧让生活变得舒适而美好。这样的世界必然是和平而有爱的,处处充满温情和真诚。

另一方面,我们需要连接外在的世界。能量需要在畅通的通道中运输进来,同时把糟糕的情绪垃圾运出体外。流入与运出的过程都需要能量的动力来推动完成,从而形成一个具有规律的循环系统。在连接外界时,人们可以主动寻找能滋养自己的能量连接。我们可以积极参与一些学术活动、培训、成长小组,以及有质量的、能带来成长的聚会等。

能量动力理论遵循爱的流动规律,以爱为本,以爱为源,因爱而生,不断地启发一个人获得爱的能力,其中包括识别爱的能力、感受爱和给予爱的能力等。

每个人都渴望能量的力量。在这个世界上,没有人是不渴望爱的,你曾遇到过对你说他不渴望爱,很喜欢被别人讨厌的人吗?是的,每个人都渴望爱,需要爱,人们只会因为得不到爱而苦恼,而不会抱怨自己得到的爱太多了。获得爱的滋养成为所有人追求的理想。无论是对外源能量,还是对内源能量,都是如此。我们需要对为何不能更有效地得到爱的滋养进行思考。

得不到爱的原因基本有三大类。

第一类是被动等的人。他们在需要爱时,只想被动地等待爱跑到自己身边来,而不会去主动发起或创造爱的感觉。

第二类是无法识别爱的人。他们不知道什么才是真正的爱,无法识别自己或他人的行为中哪些是真爱、哪些不是真爱。无奈之下,他们往往会选择理性分析的方式得出是否是真爱的结论。他们更容易关注形式化的"爱",他们可能会觉得,明明已经有很多人对自己表达了关心,但自己感知不到爱。形式里可以有表演的成分,虚假会让人产生防御心理,真爱却是自然流露,它朴实且不易让人防御。

第三类是破坏爱的秩序的人。什么叫破坏爱的秩序呢?爱是一个有秩序的状态。在有爱的状态下,能量是顺畅流动着的,需要通过不断地连接自己或他人,才能让具有滋养力的能量传递下去。而一旦破坏了这种能量流动的秩序,爱之能量就很难再继续滋养生命了。

爱的本质在于连接与成全。人与人之间的连接大部分都是通过两种方式体现的,分别是"说"和"做"。所以,在关系中,语言和行为就变得至关重要,语言的表达相对行为来说会更快、更直接些,可是,行为虽然慢,却比语言更具有力量。两者各有所长,在面对爱的连接问题上,是缺一不可的。

八、能量动力理论实施过程

1.给予自己能量动力

爱自己的前提是先贴近自己的感受,倾听自己内在的需求。了解并理解自己,才可能进一步满足自己。

就像身体发出一个"渴"的信号,我们就会去寻找水源;身体发出一个恐惧的信号,我们就会去进行防御。通过这些回应,我们可以看到爱自己的方式和能力。

想做到爱自己,就需要让自己的生活变得多样而有趣。努力探索更多未知的自己,发现自己真正的需求和所热爱的事物,并去连接它们。这个连接过程是由内而外发展的,尽量不要略过自己直接与外界连接,那样很容易走弯路。

可是具体该如何与自己产生连接呢?如何才能更多地了解自己呢?我们可以问自己一些问题进行自我探索——

我究竟喜欢什么?

我想要什么?

我喜欢做什么?

我对什么有好奇心?

我为什么那么想知道那个原因?

我为什么如此愤怒?

我为什么会喜欢那种感觉？我为什么不喜欢这种感觉？

我喜欢自己吗？为什么？

我喜欢他吗？为什么？

我对他好,是因为我爱他还是爱我自己？

最纯净的爱是无条件的,而我对他的爱里有条件吗？

如果有,那么是谁的需求？

我人生的使命是什么？

我人生的信仰是什么？

我生命的意义是什么？

我存在的价值是什么？

我为什么活着？

……

我们可以向自己提出更多的问题进行思考。

在这个世界上,每个人都需要一个活着的理由,而这个理由就是我们生命深处的信仰。

有人问我的人生信仰是什么,我会告诉他:"我的信仰都在这本书里。"这个世界上很少有人会喜欢痛苦,排斥喜悦。爱是可以有效化解痛苦的力量。真正的爱是利己也利他的,是共赢的、正直的、真诚的,不伤害,也不自私。它是有秩序又充满美感的,是如艺术般优雅的存在。

在这个世界上,大部分人都不想与他人为敌,而是想与他人为善。但是有时候我们做不到。我们可以感觉到，爱自己，爱别人，理解自己和理解他人，都是需要一种能力的。所以说，"爱"才是人们生命的巨大动力。

人在爱自己或肯定自己的时候就不易陷入抑郁之中。

每个人都有"自恋"的需求，自恋是爱自己的重要需求，这是一个常常受到打压的需求。过度打压一个人的自恋感就会将其逼向抑郁的深渊。保护每个人的自恋感，是能量动力理论的核心理念之一。在面对求助者时，有时候我们需要先暂时放下问题与事件本身，专注于调整他们的自恋感，这种自恋感就是爱自己的本钱，更是自己生命的源泉。恰当的自恋最终会转化成能量，一个人有了能量，就能拥有应对和处理问题的能力。

我们把爱自己简称为自爱，也有人称它为自恋。如今"自恋"这个词带有一定的倾向性，人们把自恋分为健康的自恋和病态的自恋两种。虽然说自恋或自爱是每个人的重要能量之源，我们不能没有自恋或自爱，但也不能自恋过头，那会演变成自大。我们需要通过合理的方式爱自己，让这种爱的循环滋养变得更有效。

我们要保护好自己的自恋，不轻易指责自己。因为所有对自己的抱怨和指责都很容易拉低自己的能量，伤害自己的自恋，让自己变得更加厌恶自己，不喜欢自己，人也会因此变得更加自卑，这样对自己是没有半点好处的。我们爱护自己，是对自己的负责与尊重,被爱护的自己也自然不会辜负自己。我们可以把不伤害自己、不埋怨自己当作一条规则来执行。同时,也要勇敢地承担起解决问题的责任。不放大自恋,因为自恋一旦转化成自大,就很容易伤害到他人。

在亲密关系里,这种情况就更为明显。

一个人用什么样的理由和方式来爱自己,已被文化伦理划出了一些标准,人们很难完全避开道德和亲情的枷锁。有些人会因为爱自己的方式显得极端或自私,而受到批判和阻止。这完全是两回事,还是应该分开来说。

爱自己这种需求的满足是没有错的。需求就是需求,与道德和伦理无关。爱自己就像一个饿了的人需要吃东西一样理所应当。爱自己是我们生命本身真实质朴的重要需求之一。至于那些爱自己的方式是不是合理的,那是另外一个话题,那些是非对错与爱的需求本身没有太大关系。爱自己需要被重视,并得到应有的尊重。

健康的自恋与病态的自恋本身都应受到同等的尊重和理解。在尊重的基础之上,再进一步优化爱自己的具体方式,让爱自己的方式变得更有效,也不损害他人的利益。

所谓病态自恋,显然说的并不是我们不应该获得爱的滋养,而是方式不合理。我们要用更合理的方式获得爱的滋养,也就是以不损害他人利益为前提的方式爱自己。

爱自己的初衷是滋养自己,保护自己。想要更合理地爱自己,就需要重视资源的平衡分配,学会共赢。

自恋不是自大,合理的自恋是对自己和周边世界有清晰的认知,不会让自己在这个世界中显得太过渺小,也不会把自己看成整个宇宙的中心,认为一切都得围着自己转。

一个人想要越来越幸福,就需要对自己越来越尊重,越来越理解,越来越温柔,哪怕真的做了错事,也要学会理解和原谅曾经无知的自己。与此同时,还要谦卑地认识错误,反思问题,修正改变,吃一堑长一智,走出重复错误的循环。

2.给别人能量反馈

爱别人,是我们与他人之间精神情感的交互。在交互过程中,有一个重要的环节叫作"反馈"。

在关系中,恰当的反馈是爱流动起来的关键环节。

什么叫恰当的"反馈"呢?

所谓"反馈"就是当对方向我们发出一个信号时,我们给出一个回应。

那么问题来了,是不是所有的回应都是恰当的反馈呢?

当然不是。

恰当的反馈分理性反馈和感性反馈两种。

恰当的理性反馈是指,不带评判、不带指责、客观地回应,也是对方认为公正客观的回应,是与对方有关系的能量回馈。如:你刚才对我说的话,让我感觉哪里是有道理的,哪里让我感觉还有些不理解,或者哪里让我感觉是不是可以换一种说法会更恰当……

恰当的感性反馈,是指具有提升能量的情感回应,也可以理解为不带负面情绪的情感反馈。

我们不但需要用心地爱自己,尊重自己,不伤害自己,不埋怨自己,同时也需要维护他人的自恋,尊重他人,这样才更有益于让爱之能量流动起来。

在有能量滋养的关系里,是你"喂"我一口、我"喂"你一口的彼此"喂养",关系中的两个人都会变得更健康强壮。随着两人的日益变强,下一次就可以"做"出更多有营养的"美食"去喂养彼此了。

那如何才能让能量顺畅地在人与人之间的关系中流动起来呢?

3.能量动力团体实验

为了发展和证明能量动力理论在群体里的卓越效果,我在我的心理工作室尝试用能量动力理论进行团体小组互动式成长实践,参加的组员有8～15人。我是小组的带领者,以呈现问题或个案的形式,让组员们轮流暴露自己或自己遇到的困难。而其他组员在一套有序的流程下轮流发言，我们所有人都遵循能量动力理论的原则，不指责，不批评，公平、公正、真诚，不带个人情绪，有耐心也有爱地去帮助提出困难的成员。我们以保护彼此的自恋为前提，彼此尊重，以最大的善意真诚相待，每一场小组会进行大约 3 小时。随着小组活动开展次数的递增，小组中的真诚越来越多，信任越来越多，理解越来越多，感动也越来越多。小组的安全程度逐渐提高，深度也逐渐加深，人们在小组里获得疗愈的同时，也在小组里疗愈他人，每个人都越来越重要、珍贵。我对小组的设计通常是每10 次为一轮，每一轮 3 小时。到最后几轮时，组员们已经建立了深厚的连接、浓浓的情谊，难舍难分。我和组员们同样深爱着这个充满温度、力量、智慧、包容和爱的集体。我们会继续进行第二轮、第三轮的能量动力团体实践。差不多 100 小时的累积参与，最后每位成员都产生翻天覆地的改变，他们自身能量会变得更高，自己的问题也能得到有效解决，他们不再迷茫，知道自己该如何才能改变曾经困扰着他们的关系或挫折。

　　每当我回想起当初在一起交融至深的组员们，心中都充满了感恩之情。最开始，因为规则设置并不成熟，大家跟着我一起做了不少尝试和调整，可所有人对我都十分包容。或许这也正是能量动力的魅力所在，就连我这个当时还并不够成熟的带领者也得到了额外的能量滋养。能量动力小组的尝试逐渐走向成熟后,我开始相信,小组这样的微型"社会"可以起到如此好的成长效果,能如此行之有效地帮助人们解决现实问题,还能提升大家的能量,又能直接将这份能量反馈回去,形成良性循环。

每个人都有需要和被需要的两种需求,这是对人来说非常重要的两大动力,也正是这样的两大动力驱使着我们,让能量真正流动起来、循环起来。

我们一方面希望自己得到爱,希望能被温柔友好地对待,那样我们会认同自己是个值得被别人爱的"好"人,增强我们的自信和安全感;另一方面我们又需要成为一个被别人需要的人,可以帮助别人,感觉到自己的价值。

需要和被需要这两个条件要如何才能实现呢?比如,当有人在我最需要帮助的时候拉了我一把,我欣然接受了,一转身,我看到他遇到了一些麻烦,我向他伸出了援手,他也接受了,两人都接受了对方的帮助,也都心存感激地积极回报对方。就算一方没有遇到什么麻烦,可是受到帮助的一方能一直心存感激地面对另一方,这组关系的能量就会一直保持着积极的状态。这个积极状态是一种高能量状态,就像我要保护你,时刻准备着,这种姿态在双方的关系里是一直可以被感受到的。这会让关系一直被友善、温暖、安全感围绕着,会形成一种和谐、美好的氛围。坏的感受会被泛化到生活中,好的感受也会被泛化到生活中，正如一个心存感恩之人，心中一直想着回报"恩人"，可是当他看到与自己不相关的人需要帮助时，他也非常容易产生帮助对方的念头，或者直接付诸行动帮助别人。这是能量良性循环的表现。

可以欣然接受别人的帮助，成全对方成为自己的英雄，也能慷慨帮助对方，让自己成为别人的英雄，这才可以让爱之能量流动起来，让爱滋养更多的人。这也是中国人常说的"礼尚往来"，关系越走越近。

能量动力理论在干预个案过程中，尤其是创伤类和情绪类个案，往往都先不看事件本身的是非对错，也不去归因，而在个案中发现闪光点，帮助自身发现自己值得被爱的点。先重塑自恋的状态，待能量提升起来，不再受低能量情绪干扰，再理性地去处理现实问题。

从咨询师和求助者的关系中看，咨询师不会去想在别人身上留下什么丰功伟绩，而是尽可能肯定求助者的每一个成就，找回他们的自信。能量动力取向的咨询师就像一盏明灯，而这盏灯的使命就是照见对方，让其找到自己的光与色彩，最后要用求助者自己的光照亮他们前方的路。这是一种默默给予对方的爱，或许对方永远都不知道，但求助者在不知不觉中被这样的爱滋养，慢慢学会爱自己和爱他人。这样也就达成了咨访双方最深远的那个共同目标——让自己或自己所爱之人都变得更幸福。

九、能量的压抑

1.对与错

"好"对应着"坏","对"对应着"错","高"对应着"低","厉害"对应着"无能"。

我们无法一下子阻止对号入座的行为,因为我们已经在压抑"爱"的路上走了太久。而压抑"爱"的结果,就是压抑内在的生命动力,让原本可以更加活泼有趣的人变得刻板无聊,让原本可以能量更加高涨的人变得低沉抑郁。

对心态已经崩溃的人们来说,他们对自我喜爱的感受往往是被忽视的。能剩下的自我欣赏和自我满足的力量对抗不了自我嫌弃和自卑的力量。自卑感的对号入座能力主要表现在人们会把自己与糟糕的低能量状态进行匹配。而自恋感更高的人,往往把自己与较高能量的信息进行匹配。

在我们的传统文化里,爱有时会受到压抑。

其中,"谦虚"与"奉献"都被誉为美德,如果是主动的自发状态,这的确是非常难得的大爱,但如果站在被动的角度看,它就变成了文化对爱的压抑。

如果这个世界给我们的回应是没有比较的,那就不会产生太多的压抑。可是人们在对比中伤害了自己或别人的自恋,往往做不到为别人的优秀发出真心的祝福。结果往往是越把自己的幸福、美好和成功分享给别人,就越容易遭到他人的嫉妒和攻击。而分享快乐的人最终只能隐藏真实实力,避免"吹牛"效应发生。

"谦虚"与"奉献"是大家都希望别人能遵守的一种规则,为什么明知它在某种程度上对爱造成了压抑,却没有人敢违逆呢?因为谦虚能保护别人的自恋,故而被称为一种美德,这种美德往往是以压抑自恋为代价的。

而真正自我满意、自我喜爱的人,并不会介意别人比自己更好。他们的谦虚是因为他们看到了自己在天地间的渺小,看到了别人的优点,甚至是自己不如他人的地方,这时的谦虚就是一种更为自然的真情流露,他们甚至头脑里谦虚的概念都不会产生,他们只会认为事实便是如此。他们虽然谦虚,但能够保持真诚,同时又不会有自卑感。

"奉献"如果是一种自身爱的饱满自溢状态,那帮助别人也是水到渠成的结果。当人们用奉献是一种美德来自我要求或要求他人时,我们就要提高警惕,一旦被推上了奉献者的"神坛",就很可能成为自我能量被榨取的受害者。这是对爱自己的自我压抑。

2.爱与恶

人性中的恶与爱就像一条线上的两个端点,我们可以这样想象,黑色代表恶,透明代表爱。两点之间形成一条长长的渐变色,每个人都站在这条线的某一点上。如果我们站的位置离黑色近一些,那人性中的无知与恶就更多一些,痛苦和烦恼也更多一些。如果我们所站的位置离透明更近一些,那内心就会相对平和、美好、幸福。因为幸福需要心灵更纯净,智慧也需要心灵更清澈,烦恼自然就会更少,喜悦的感受就会更多一些。

在这两点之间,恶与善常常是处于对立和矛盾的,这并不难理解,因为灰色地带本身就是两者相交的结果。

人生必然是要经历困难和挑战的,也避免不了在善与恶的矛盾中斗争挣扎。因为我们每个人都站在灰色地带的某一点上,只要站在灰色区域,我们的内心就是有污染的。不过我们也不需要感到沮丧,这种不完美给了人们更多体验的机会,不完美的人生才给了我们成长的动力,让人们憧憬更完美的人生。也正是这种对更完美人生的憧憬才激活了我们顽强的生命力,让我们可以体验不同的幸福和满足。

人性中的善是高能量的体现,而恶是低能量的体现,也就是能量不足的体现。如果我们将让人们痛苦的意识内容排个次序,那排在第一位的意识就是"对比"心,对比是在矛盾中滋生出来的,而对比的目的是保护自己。

　　我们不应对事物进行对比。例如,做事时只尽心尽力去做,不与人攀比,做得不好,可以再改进。一旦与人对比,差的一方就容易因被拉低能量而受到伤害,好的一方压力可能也会变大,往往没有一个是舒服的。如果我们只是客观看待那些原本就存在的状态,不过多评判,只是去感受规律,然后顺应规律生活,就可以弥补事物发展的不足,让"好"可以继续下去。

　　再换一种解释就是,死亡指向痛苦与毁灭,而爱指向幸福和美好。我们把有爱与无爱,也就是幸福与痛苦这两种状态用一个轴来表示,连接这两种形式的内容就是从痛苦到不痛苦的过程,如下图所示。

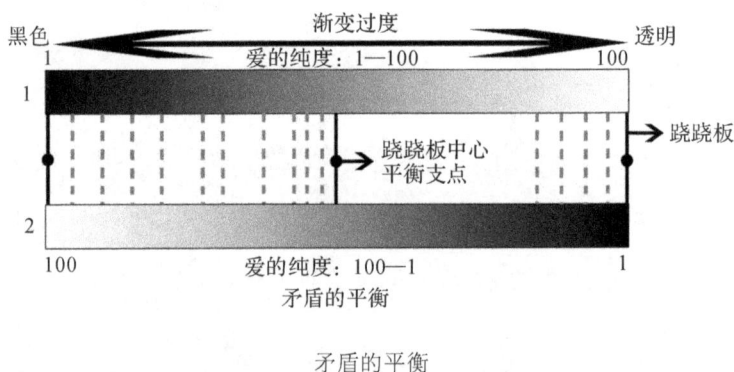

矛盾的平衡

　　在矛盾的平衡图中,有由黑到透明和由透明到黑两条渐变条,分别为1和2。1为显像,是可见的能量状态,2为隐像,是不可见的补偿能量。这两个渐变条由若干个跷跷板将 1 和 2 连接在一起,并且以平衡对称的方式连接。显像 1 无论站在哪个灰度区域,在跷跷板的另一端都有一个隐形的、与之相对应的能量存在,并以跷跷板中心平衡支点为轴心,以前后移动的方式始终平衡着 1 和 2 这两端的能量。例如,在全黑的另一端就是全透明的,在全透明的另一端就是全黑的。在该图中,透明度越高,表示爱的纯度越高,整个渐变色是以爱的纯度 1～100 来表示的值。

如果我们将最纯的爱理解为智慧圆满的状态,这时的能量浓度就应该是 100％的状态,也就是图中的全透明状态。100％的能量就像一块电池被充满了电,人的智慧与幸福指数也是 100 分的。可是当一个人开始产生过多的欲望时,原本透明清澈的 100％能量就会降低,透明的单纯会被色彩沾染,变得不再干净。当想象与现实出现偏差时,爱的能量就会流失,如果没能及时补充上来,人的能量就会随之下降,人的智慧与幸福指数也会随之下降。而取代能量的是“浊物”带来的能量凝滞,堵塞不流动,进而形成沉重、暗色、下坠的状态。这时,人体验到的便是压抑、痛苦和恐惧等情绪。这些痛苦的感觉与能量浓度下降的指数是成正比关系的。不合理的“欲”是连接爱与恨之间的桥梁。没有了这个桥梁,即便爱与恨离得再近,爱也不会轻易被转变为恨。

人类所有的状态都是闭合的圆环。因为能量需要互相转化流动循环,在太极图中也可以看到这种规律,如下图所示。

圆环式矛盾的平衡

从图中可以看到,极致的黑与透明之间有着一条明显的分割线,在线的左右两边都是浓度最高的能量。这两种状态的能量都极其强大,若站在黑与透明之间的分割线上,那便是亦正亦邪的位置了。

人生的苦是很难避免的,同时,没有苦难的体验,我们就很难理解何为"爱",也很难有更高的心灵感悟。这是经历艰辛的补偿,也是能量动力理论真正的使命——让痛苦转化成可以滋养人们的能量。

第四章

能量通道

　　所有心理问题的产生,都是能量的连接出了问题,能量的连接由自身能力与需求这两个基础条件决定。

　　人类有着一种连接的本能。然而,并不是人人都能接得住并消化得了所有的能量。因此,我们就需要有选择地接,还要有技巧地接。能量通道是为满足不同能量的连接而存在的。能量通道有两个最基本的功能,一个负责把滋养自己的能量传输进来,同时把要释放的能量运输出去。另一个是随时关闭通道,保护自身能量不被外界过多地消耗,同时也把那些会伤害自己的能量隔在外面,形成一道防御墙。

　　这些能量通道就像我们的若干根触角一样,是我们的一部分,有了它们我们才更加完整。如果我们的这些触角被斩断了,那我们就像被斩断爪子的鱿鱼,虽然不会致死,但功能却明显受损。

　　能量通道为每个人都圈出了属于自己的一片独立的能量空间,这是一个重要的能量过滤环节,我们通过这一环节将外面的能量有选择地筛选出来,能为我们所用的部分吸收进来,暂时不需要的能量隔离在外。同时,我们把想要释放出去的能量在这一环节进行加工后,再向外输出。

我们为何需要能量通道这一加工过程呢？如果没有这一过程会怎么样？

在我们吸收或释放能量时,存在吞噬和被吞噬的嵌入式关系。这种直接的能量融合最大的问题就是边界不清,容易被卷入不同的能量漩涡之中。能量通道的过滤环节,加入了理性的处理方式。

哪些该接？哪些不该接？

在一个人的成长过程中,不同的时期往往需要处理不同的能量信息。例如:从生活无法自理的婴儿逐渐长大成人,可以自力更生,再到还能去照顾更多的人,最后退回功能逐渐丧失、需要别人照顾的老人,根据不同的成长状态,结合自身的能力去承担责任与履行义务。

从能量通道的视角看压抑和不压抑,就会发现,并不是什么都不做就不压抑了。相反,越是什么都不做,越是压抑了一个人。因为,能量本身的最大特点就是连接与融合。什么都不做,恰恰违背了能量要连接和融合的特质,这也是要去承接不同的责任与义务的原因。我们要谨防把自己"待废了",只要是力所能及并能共赢的事,都是可以去承接的内容。

一、能量通道的诞生

在一个空旷的广场上,人可以毫无顾忌地奔跑,就算闭上眼睛也不用担心会被撞倒或绊倒。可是如果在地上放一些大石头,人就不敢再肆无忌惮地跑动了。如果这时候又多了汽车、摩托车、自行车这些不同的交通工具,人就得在路面上划出人行、机动车、非机动车等专用道了。能量原本也是干净、一体的,就像空无一物的大广场,可是人的想法越来越多,欲望越来越多,烦恼也就越来越多,不同的烦恼都变成了能量中的脏东西。这些东西越多,人的能量就越需要划出不同的能量通道,否则就会像交通堵塞一样,秩序乱了,干扰我们的做事效率和生存目标。

能量间原本是没有任何遮挡的,也不存在堵塞的情况,而脏东西进入了能量中间,形成障碍,令能量无法融合,才导致痛苦的产生(见下图)。我们一出生就活在这个有着时间维度的空间里,也就是我们一出生就在一个能量并不是完全纯净的空间之中。无论人们在这个空间如何生活,大部分人的方向都是一致的,那就是为追求幸福而活。在这个方向上,许多人都绞尽脑汁努力前行。然而无论采用何种方式,只要清除不掉能量中的障碍,那些脏东西还是在阻隔能量融合,痛苦不会消除,烦恼会一个接一个地来。

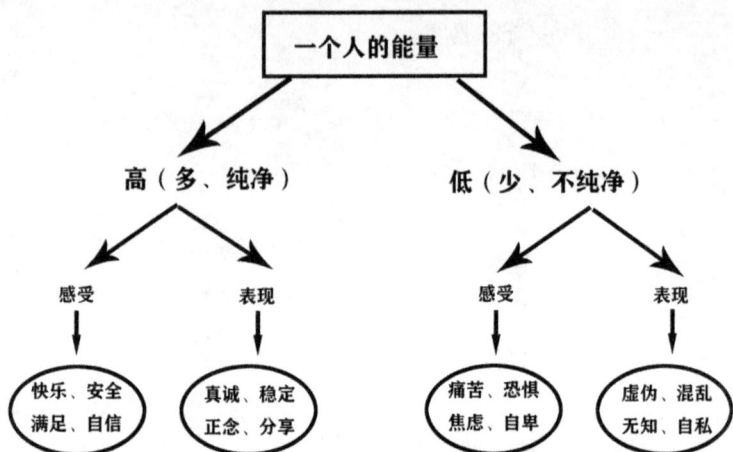

一个人的能量状态

二、能量通道的特点

我们在前面曾经讲过，生命能量是由内源能量和外源能量构成的，不同的能量需要自己的通道进行流动循环。

能量需要属于自己的"路"来流动，我们叫它能量通道。我们每个人都有各自的能量状态，我们的能量状态可能是稳定的，也可能是不稳定的，是否稳定取决于能量在通道中流动的过程是否顺畅。能量在通道中的流动越顺畅，人的状态就越稳定，能量在通道中流动得越不顺畅，人的状态就越不稳定。能量的稳定是高能量的表现，能量的不稳定是低能量的表现。

关于"能量通道"这个词我是第一次在这里使用,所以会有许多人不理解我说的"能量通道"到底是什么? 下面我们就用"一笔树"的形象(见下图),来解释什么是"能量通道"。

树,是我们生活中常见的植物。众所周知,树枝是从树干向外生长的,树枝的生长规律是,越接近末梢就越细,直到尽头。这跟我们人体里的血管非常相似,所以会有人说,人体中的血管,整体看上去就像一棵大树,毛细血管就像大树上的枝杈,越向外分出去的末支就越细越狭窄。能量通道也是如此,它们像树一样,越到末梢就越细小。虽然很细,却可以发得很长,并且还可以继续生长出若干小的分支。但无论向外生长的枝杈有多少,终究还是有尽头的。"一笔树"从起笔到收笔,整张画都是由一条线完成的,这一笔完成的画,中间没有出现过一次断笔。

一笔树

　　在这幅图中,我们假定空白处都是能量,而线条的变化就是我们的行为。

　　这幅画是我在 2013 年的一个深夜完成的。当时我突然从睡梦中醒来,半梦半醒间,心中闪现出了对能量通道理解的灵感,我意识到了能量通道和人类能量流动状态之间的关系。还记得在画这幅画时我心中最大的声音就是"这幅画要一笔完成,我要表达内部能量的完整性"。所以一笔树得从起笔到收笔,一笔画完,一气呵成。我心中非常清楚,无论将这棵树的枝杈画得多么复杂,它的内部都是一个完整的整体,也就是说,无论树枝的形态变得如何复杂多样,内在的空白和外部的空白都始终为一个整体,空白处什么都没有,也不会改变。而一直在变化的只是那些向外延伸扩展的树枝末梢,它们以各种各样的形式变化着。但无论如何变化,都不可能动摇或改变空白处能量的本质。

　　如果我们把所有空白空间都理解成能量,那些尖尖的枝杈就可被理解成向外寻求能量而努力延伸出来的能量通道。而能量通道的本身也是一种障碍,我们使用并驾驭能量通道其实只是一个过渡而已。这棵大树是在一条地平线上向外挤压出来的,其目的也是向外寻找能量。事实上,若拿掉那条地平线,也没有那棵树,能量依然还在原地,浑然一体,没有多也没有少。对于能量来说,我们根本无需努力地向外寻求,像这棵树那样,越是用力地向外寻求,能量的通道反而变得越加狭窄了。若能不用力,去掉那些寻求的力,能量已然在那里了。

没有轮廓控制的能量更加完整,我们可以看到人们并没有安静地停留在空白能量中,而是拼命地向外挤压出一棵树来,其实这棵树原本是不需要存在的。人从一出生就已经在那条地平线上了,我们是在这条地平线的起点开始扩张自己能量树的。当人们削尖脑袋向外寻求能量时,反而让自己的能量通道越变越狭窄,能量也越来越少。

从这幅"一笔树"上可以看到,能量越是向外挤压,能量通道就越狭窄,能量也就越低,反之,能量越不向外挤压,保持原有的"空性",能量通道就越宽,能量也就越高。或许无我的境界便是拿掉地平线的状态吧!我们还可以看到,能量通道越细小狭窄,形式上就会越繁琐复杂。正如那些向外挤压的小枝杈,人把问题搞得越繁琐复杂,就会越疲惫,能量的消耗也会越大,人就越容易感到枯竭。相反,能量的通道越宽,形式上就会变得越简单通透,人的能量消耗就会变得越少,能量振动频率也会越高,直到回归没有那条地平线的分割。那是一个无需用力的能量饱满状态,是更大也更圆满的能量状态。

从人的行为上来观察,越是能量高的人,越宽容、积极、乐观、灵活、仁慈、格局大、稳定性好,不易被他人所扰动。能量越高,人的行动力越好。而能量越低,人的行动力越弱,越痛苦,也越不稳定。

　　人处于高能量状态时,他们的能量通道会变宽,处于低能量状态时,能量通道就会变狭窄,这很像能量震动的力量为人们震出了一条或宽或窄的通道。震力大,能量通道就宽;震力小,能量通道就窄。

　　对于能量通道较宽的人,在他们的世界里,遇到的任何现实困难,都只不过占据了通道中很小的一部分,他们还有很宽的空间、很多的出路供选择,他们弹性地应对困难。而对于能量通道较窄的人,因为他们能量不多,能量的振动频率太低,能量通道非常狭窄,他们付出的能量就是稀缺资源。

　　内源能量越多,智慧就越多,可以用内源能量的智慧解决精神方面的困扰以及现实中的困难,如情绪管理、关系管理和现实管理的诸多问题等。

　　能量通道畅通是能量正常循环的重要保障,能量通道有以下四大特点。

　　第一,能量可在此通道中流动循环,就像车辆在公路上行驶。

　　第二,能量通道可宽可窄,四周可以有壁垒,也可以没有壁垒。这些壁垒可以根据情况灵活出现,目的是保护能量不流失,但如果壁垒形成得不合适,也会成为能量流通的障碍。在需要壁垒出现的时候,壁垒就会出来关闭能量通道,阻断能量连接,这时我们就接收不到其他能量的信息,既得不到其他能量的滋养,也可以阻止遭受其他能量的骚扰或伤害。当我们感觉安全舒适时,壁垒就会打开,让我们可以重新连接其他能量的信息,得到滋养,当然,也会加大遭受侵害的可能性。

第三,能量通道不仅支持能量与能量的连接,还具有使低能量向高能量升华的作用,并且随着能量的向上提升,能量通道也会变得越加顺畅。能量通道可以在任意维度上伸展、提升或下降,这种以表象理解能量通道的方式,可以帮助人们更快地对能量通道产生概念。

第四,能量通道的宽度是由下至上递增的,越向下,能量通道越狭窄,越向上,能量通道越宽广。就像一根长长的竹子,由根部开始,一直到竹子的顶端,都是由若干竹节分成的小段,每一小段都是一个层级的能量空间,由下至上分成不同质量的能量层级,越向上,能量越高,通道就越宽,越向下,能量越低,通道就越窄。

人们在哪一个能量层级中,就会拥有该层级的能量质量和通道宽度,不同层级的能量更容易连接与自己相似的能量,并与之对应的通道连接。低能量者往往更喜欢关注悲观事物,考虑更多的是如何防御,避免遭受伤害。而高能量者更关注的却是美好和希望,他们关心如何向更好的方向发展,表现得也更积极乐观,当遇到挫折时考虑的是如何积极解决问题,并勇于尝试和创新。由此我们发现,只要让自己的能量层级提升就能发生巨大的改变,人们也更愿意替换掉原有的糟糕模式。

三、能量与能量通道的关系

一个人的能量通道就是他的幸福通道,通道越窄,幸福的资源就越少。就像高速公路,我们开着车朝既定的方向行驶,突然前面的路被堵了,或四车道变成了两车道,车速就只能变慢,这会直接影响到达目的地的进程。身体智慧会开启自我保护模式,这个自我保护模式完全是根据自己内在安全感的感受力来运行的。这时处于能量低水平的人会显得斤斤计较,得理不饶人。因为他们的能量通道太狭窄,任何一点能量通行的空间都需要去争取,在激烈的竞争中,剐碰在所难免,只要有触碰就容易受伤,甚至让人感到疼痛难忍。故而才会表现得十分敏感、苛刻,时刻保持警觉性。同时,他们也是容易产生焦虑的群体。

相反,当一个人的能量通道很宽、也很畅通时,上述的一切问题都会迎刃而解。

有一类人他们残忍,喜欢破坏、伤害他人,人们说他们的内心扭曲、变态,因为他们会去做种种令人发指的行为,这种行为就是能量通道狭窄的体现。能量通道狭窄,人最直接的感觉就是压抑,这种压抑感正是能量被积压在了一个狭小的通道中,不能顺畅地向外流动。被积压在能量通道中的能量会越积越多,当能量积压到通道再也放不下的时候,这些能量就会像决堤的洪水,冲出理性可控的范围,做出极端的行为。例如:愤怒时,情绪的爆发会显得极端偏执。其实就是他们的能量无路可走了，才会使用极端行为来释放无法再继续压抑下去的能量；只要能给他们其他释放能量的方式，极端行为是可以避免的。

对于有高能量的人而言，他们有着神奇的吸引力，很多人都喜欢靠近他们，感觉跟这样的人在一起很舒服。人们的感觉有一种天生的"嗅觉"能力，它会带着自己去寻找对自身有"疗愈"力的能量场。对于能量场而言，能量越高越具有对身心的疗愈作用。同时，人们也会远离对自己身心有伤害的低能量场。

四、能量的融合

能量是有活性的，能量会在没有杂质干扰的情况下不停流动，它们会流向需要能量的地方。能量对于人而言，必须保持流动着的活性特质。其活性程度与人的生命力成正比，能量活性越高，生命活力越足，抗扰动能力也越强，就不容易遭受伤害，这里是能量的自我净化功能在发生作用。反之，能量活性越低，生命活力就越低，抗干扰能力也越弱，人就会越脆弱。

那我们要如何保持能量的高活性状态呢？这涉及能量在能量通道中是否可以顺畅流动的问题，想要让能量可以在能量通道中顺畅地流动，需要我们了解能量的另外两个特性，一个是能量融合，一个是能量纯度。

我们先说能量融合。能量的融合过程就像水汇聚在一起，它们会迅速汇集。对于纯净的能量来说,它们彼此是没有排斥的,被汇集到一起的能量越多、能量越大,需要的能量通道也就越宽。这时能量通道会随着能量的增多而变得更宽。能量通道就是为能量而存在的,但纯净的能量却与充满杂质的不够纯净的能量不相容,能量会受到这些杂质的堵塞而变得流通不畅。当遇到不够纯净的能量时,原有的能量通道就会选择性地关闭。无法被兼容进来的能量,包括比自己高的能量和比自己低的能量。我们要做的是让能量得到融合。就像当人们受了委屈或非常愤怒时,给他们讲再对的道理他们都很难吸收,因为那些对的道理与带着情绪的低能量并不同频,也不兼容。

再看能量的纯度。能量纯度与自身爱的能量也是成正比的,能量越纯,爱就越纯。当能量不够纯净时,就很难爱别人,因为纯度不够的能量里的爱,夹杂了各种私欲。有些人给出去的爱不被接受,就是因为那些爱里夹杂着脏东西——自以为是、道德绑架,甚至只是为了满足自己的自恋,只为证明"我是对的"。在对方心里,那些能量是难以被接受的,所以不愿与之连接。

五、能量的循环和滋养

能量通道究竟通的是什么?通的是内源能量和外源能量。

情绪、情感是内源能量,我们通过了解能量的流动规律,打通郁结的情绪能量,人们就可以更健康、快乐。

　　情绪、情感是如何产生的？为何会在能量通道中郁结？它们几乎都从两种关系中来，一种是与自己的关系，一种是与别人的关系。在人类社会中，我们可以感受到，人与人之间的能量连接，如果能将不通畅的地方打通，就能成功建立起和谐的人际关系。我们可以通过能量关系的内外循环来进一步了解与自己的关系和与他人的关系中体现的能量循环方式。

　　畅通与自己的关系，是让能量可以在自身内顺畅地流动，没有阻塞。这是能量在能量通道中实现内循环的畅通状态。

　　畅通与他人的关系，是让能量在我们与他人之间顺畅流动，没有阻塞。这是能量在能量通道中实现外循环的畅通状态。

　　能量只有循环起来才能使个体得到源源不断的滋养和提升，而所有能量循环都离不开能量通道这个前提条件。

　　万事万物都是能量，包括我们人本身。每个人作为世界能量的一部分，需要与其他能量发生连接、交互，向外释放自己的能量，同时还要获取自己需要的能量。能量的连接实则能量的交互，每个人都需要将自己的能量流动出去，被外界吸收，同时也从外界吸收自己需要的能量，以此来补充并提升自己。

1.能量的循环

　　能量动力理论中有两个重要的能量大循环，分别是能量的内循环和能量的外循环。

(1)能量的内循环

这是指能量在自身的循环流动。它包含两个方面,一个是生理层面,一个是精神层面。生理层面的能量内循环是医学的研究范畴,而我们要讨论的是精神层面的能量内循环。

能量会在我们每个人的身体里形成内循环,在内循环的过程中,能量会因遇到淤堵而没办法顺畅循环下去。是什么样的能量会被积压在通道之中无法释放?往往是憎恨、恐惧、悲伤、委屈和焦虑等情绪能量。情绪就如同能量中的石子,会卡住能量,使其无法顺畅流动。

有了情绪,能量就不够纯净了,情绪越多,能量中的杂质就越多。能量通道会因遭受杂质的挤压而被迫拉长,向外延伸,生出若干小分支来。越靠近分支处,能量通道越狭窄,人的行为表现就越片面。想要提升能量,就需要清理能量中的杂质,让能量通道畅通。所以清理或消化情绪,是在净化能量。

大部分人的内在能量都像一桶浑浊的水,当静止下来,沉淀久了,浑浊的物质会自己沉入桶底,清澈的水会显现出来。所以,尽量保持稳定,不受外界扰动,这有利于自身能量的净化。

高能量状态是稳定的,这对能量的循环更有利。我们的能量越稳定,持续时间越久,自我的确定感和自信心就越强,还可以产生新的能量,形成能量的良性循环。

（2）能量的外循环

能量在关系中的循环流动，我们叫能量的外循环。它也分物质和精神两个层面，在这里，我们主要讨论的是精神层面的能量外循环。

能量的彼此连接是个复杂的过程，一旦能量之间连接不上，就会出现能量的阻塞现象，造成人们的身心不适，甚至导致疾病。

当人的能量变低时，他就会吸收周边的能量填补自己。我们看到有些人，愁苦、孤独、没有朋友，是因为他们的能量太低，能量场给人的感觉太不舒服，所以人们会对他们避而远之。不过对于低能量者来说，他又需要多接触高能量。而对自身能量也不算太高的人来说，遇到这种低能量的人时，会本能避开，是为防止能量流失而主动关闭能量通道。在这一点上，人与人之间也出现了一定的差异性，有些人对能量流失的感觉更敏感，他们能做出更快的反应，而有些人对能量流失的感受不太强，要经过一段时间后他们才会感受到不舒服，所以会较慢地做出反应。但无论是哪一种反应，他会让流失能量者感觉不舒服。达到一定程度时，他们会选择关闭能量通道保护自己。对于一些能量原本就不足的人来说，当遇到那些能量更低的人时，会显得更加敏感，并本能地远离。

能量是一个人的命根子，保护自身的能量是本能，也是合理的。所以，当有些人用道德施压，让别人付出难以承受的能量时，有的人会选择关闭能量通道做出拒绝的姿态,那便是合理反应,也是正当防御。

在关系中,当我们发现对方已经开始防御,关闭能量通道,不愿意再与我们进行能量交互时,说明我们没能有效滋养对方。这时我们可以选择先停止继续交流,或者调整能量交互方式,尝试换一种能给予对方能量滋养的方式交流,让对方愿意放下防御,打开能量通道,与我们进行能量的交互。

从能量动力理论的视角纵观人生,人一生都要修炼心性,不断去除能量中的杂质,提纯能量。能量中的杂质会堵塞智慧之门,生活会因此变得混乱迷茫,人会搞不清楚自己想要什么,甚至都不知道自己在做什么,为什么要这样做,因而,生活会过得越来越痛苦。当能量纯度提高时,人的智慧之门就会畅通,生活就会变得清晰、规律、顺畅,人们能清晰地知道自己想要什么,正在做什么,不会迷茫,还会井井有条地生活。

2.能量的滋养

所有能量的循环关系都可以分三类:有滋养、无滋养与负滋养。

(1)有滋养

所谓有滋养的能量外循环指的是人与人在能量进行连接时,能够交流顺畅,在交流时感受到同在,能陪伴彼此,甚至还可以发展出更多有建设性的可能。在这样的关系中,人能感觉到自信、力量、友爱和幸福,能量会比之前高很多。

　　有滋养的能量内循环指的是可以理解自己,爱自己,并且为自己做规划,有节制地发展自己,让自己变得越来越通透,人格独立。有滋养的内外能量总体结果如下图所示。

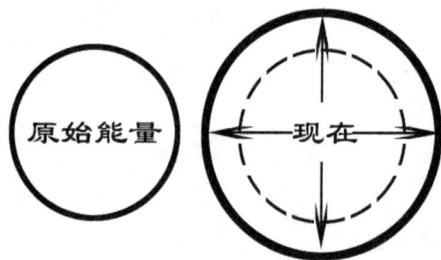

原始能量　　现在

能量变大，状态积极

有滋养的能量变化

能量通道的状态:会比之前打开得更多。

　　(2)无滋养

　　在关系中,无营养、寒暄式的关系,就像站在两条不同道路上的人,你看到了我,我也看到了你,彼此互不影响,没有交集。既不伤害彼此,也不会让彼此获得更多的能量滋养,这样的关系模式即为无滋养,关系中的两方属于擦肩而过的路人。

　　对于自己,得过且过,没有规划,没有反思,不求改变,顺其自然地活着,没有明显的进步和改变,也没有明显的退步,基本处于原地踏步的状态,如下图所示。

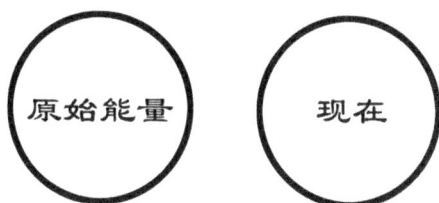

能量无变大,原地踏步

无滋养的能量变化

能量能道的状态:保持不变,没有更多打开,也没有关闭。

(3)负滋养

所谓负滋养指的是不但不能提升一个人的能量,反而会让一个人失去更多的能量,在关系中,一方拉低了另一方的能量值。如,使用指责、抱怨、挑剔等回应方式的关系,这是很糟糕的关系模式,我们叫它能量的负滋养模式。

对自己进行自我攻击,不会在错误中寻求解决方法,只会后悔、自责、厌恶自己,不断拉低自己的能量,如下图所示。

能量通道的状态:比之前关闭得更多。

我们所有讨论的内容都离不开能量的流动,能量流动与连接是我们无法回避的课题。能量通道开放与关闭的状态是至关重要的。人与人的能量通道是否可以连接起来,并让能量在彼此

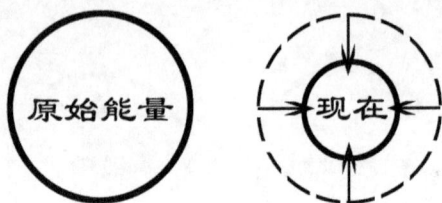

能量变大，恶化状态

负滋养的能量变化

间顺畅流动，取决于能量在连接过程中是否兼容、舒适和安全。如果能量在连接后是兼容并顺畅的，就不会消耗，反而还可以增加，那能量通道必然会为能量的流动敞开大门，任由能量互通无阻。它决定了人与人之间是否能变得更有爱。在咨询师与求助者之间，能量连接的好坏也直接决定了咨询效果的优劣。

如果人能不惧怕痛苦，也不回避痛苦，那实在是太可贵了。因为痛苦会令人深思，帮助人们开启智慧。当外面的世界（人、事）都指望不上了，只能向内求索，自我救赎。所以，人在低谷时会更容易启动自己的能量，并产生智慧。

而一直活在幸福美好中的人会更容易患得患失，也不愿改变。生活本身就是无常的，又怎么可能没有变化呢？正所谓"生于忧患，死于安乐"，接受改变本就是我们每个人生命中无法回避的现实，不接受现实就如同活在梦里不愿醒来。

我们了解能量，就是为了帮助我们在各种关系（自我内部的关系、与他人的关系、与自然的关系)中融合能量,使能量更快地净化、提升和平衡,彼此滋养。

能量究竟是如何实现平衡的呢?无论能量如何流动,始终围绕着一个平衡点在波动,而连接这个平衡点的就是能量通道,它就像跷跷板的两端,我们的能量在任何一端时,另一端都会形成一个与之相对应的能量,这就是能量动力理论中非常重要的跷跷板平衡理论。

六、能量跷跷板

1.跷跷板理论

能量有三种状态,一种是高能量状态,一种是低能量状态,还有一种是平衡稳定的中间状态。

人们的能量会受到各种干扰而产生波动,能量往往无法始终保持在中间的平衡位置上,而是会偏离中心的平衡点。

当能量偏离中心时,在其另一端就会出现相反的能量并与之达成能量的平衡,先形成的能量是显性的,可以直接被人们感受到,而另一端与之呼应的能量往往是隐性的,这就是人类拥有的能量平衡系统。

当人们处于焦虑痛苦的显性低能量区时,其实同时也产生了隐性的高能量——智慧。

　　当人们处于意气风发的显性高能量区时,其实同时也产生了隐性的低能量——傲慢。

　　就像一张纸有了正面,背面也同时存在。当我们偏离了能量中间的平衡点时,无论是位于原中心更高或更低的位置上,在其相对的另一边都会产生与之完全相反的对等能量来。

　　能量的平衡是一种自然法则,是无法被改变的。因此,在这条规律面前,我们能做的只有顺应,而并非改变。如下图所示,我们要做的是让偏离 P 点的能量回归到 P 点所在的平衡线上,回归能量的平衡状态。当能量达到平衡状态时,稳定后的能量才能更容易被净化提升。能否让这两股能量达到平衡,取决于两股能量中间的能量通道是否通畅。

　　如果修通能量通道,焦虑痛苦的低能量就会与智慧这种高能量打通,意气风发的高能量就会与傲慢这种低能量打通,从而达到一种平衡。让焦虑者更有智慧,让高能量的人不再傲慢。

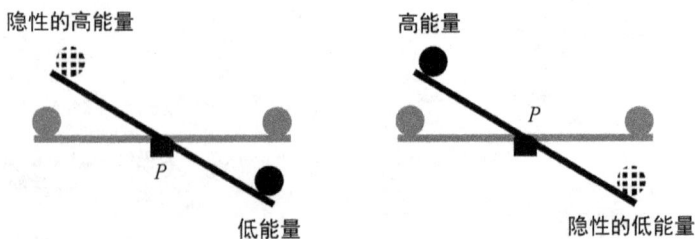

跷跷板理论

上图的 P 点是跷跷板理论的核心,如果把这个 P 点放进能量通道和能量层级中,它是可以无处不在的。

当人们处于低能量状态时,它的另一端就会形成一个与之相反的高能量,只是它是以隐性状态存在的。当人们处于高能量状态时,它的另一端就会出现一个隐性的低能量。在上图的两幅小图里,中间都有一个灰色的平衡杆,这个平衡杆就是连接两种相反能量的通道。当能量通道完全被打开时,两边的能量就会流向对方,实现能量的融合,让能量得到平衡。我们可以参考下图理解跷跷板能量通道的修通。

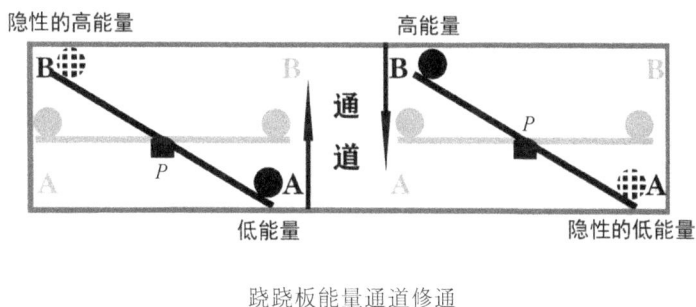

跷跷板能量通道修通

能量中的高一低、虚一实两部分是一体的,我们需要把 A 与 B 之间的能量通道修通,最终达到合二为一,这才是最佳的平衡状态。

在这个规律中可以看到,任何一种失败或痛苦都不是偶然的存在,而是因果所致。

我们需要用一体两面的方式看每件事,若使用跷跷板理论的视角看我们所有经历的事,就会发现经历痛苦并不完全是倒霉的坏事,享乐也不完全是好事。好的另一面是坏的,坏的另一面是好的。无论站在哪一端,都无需沮丧,也无需惊喜。

2.修通能量通道

如何来修通能量通道呢?

(1)修通隐性高能量的通道

我们若站在低能量区,另一端就会形成一个隐性的高能量。想要修通中间的能量通道就要打通中间堵塞的能量卡点,让人们可以感受另一端的能量。

导致一个人能量变低的原因大多都与付出能量过多,收不回对等的能量,自身能量失衡有关。这时,平衡能量关系是至关重要的。

如果一个人在行为中,总是被看到糟糕的一面,而无法被认可好的一面,他就更容易留在低能量区域。如果我们能在他的行为中,更多地看到积极、有爱、善意的一面,并强化这些部分,通往高能量区的中间通道就很容易被修通。在一个糟糕的人身上看到他的好,这需要一种能力,需要内心拥有善意和智慧。而看到他身上的好,需要实事求是。也只有在实事求是的情况下,通往高能量区的能量通道才更容易修通。如果我们用这样的方式去理解别人并成功修通中间的能量通道,这也会进一步证明,他的善意、温柔、爱和价值是真实存在的,只是之前被掩盖、压抑了。

(2)修通隐性低能量的通道

有些人明明是过着让人羡慕的生活,却依然感觉不快乐、不满足。有时,看似优质的生活状态其实非常短暂,他们感受到的更多是孤独。他们仿佛站在了高能量区域,可实际上,他们并未与低能量区真正合二为一,因此,他们的快乐很单薄,浮于表面,短暂且虚无。

当一个人站在高能量区时,另一端相对应的地方就会形成一个隐性的低能量。这个低能量通常是对抗性的,此时人的心态很容易产生虚荣感和优越感,进而产生傲慢之心。当一个人站在高能量区域时,很容易因断开了与朴素的连接而变得不接地气,由此产生傲慢心理,直到与另一端的低能量区修通,才会有悲悯之心。

任何一种获得的另一面都有失去的东西。假如优越的生活状态不需要辛勤的劳作,这看似轻松自在,可失去了与现实的连接,人就会很容易陷入虚无的痛苦之中。

一个人在高能量区里获得的越多,他需要承担的也就越多。如果光鲜亮丽的生活并不是通过内在能力转化而来的,他就会体验到与之相对应的反向压力,那些反向压力是低能量区给他带来的反噬,其中包含着社会文化、舆论、过度理想化等。要想修通与低能量区之间的能量通道就需要修理自己的内在容器跟边界。也就是说,要站在高能量的位置上,知苦,体会大爱,奉献,有意识地去尝试不易,这样可以更快地修通与低能量区之间的能量通道,回归平衡状态,并提升 P 点的能量空间位置。

3. 能量的平衡

身体是我们能够直接驾驭的外源能量,我们可以驾驭身体去做事或者不做事。货币与财富的流通都是人类的外源能量,想要达到这种能量的平衡,就需要人们共同遵守一套规则,这是以保持能量边界清晰为目的的互不逾越。也就是大家要各自为自己的需求负责,还要守护好自己的能量,不能让能量在不合理的情况下流失。温室的花朵因为生活得太好,缺少了与低能量区的连接而变得柔弱。

好的能量平衡关系是可以彼此助推增长的,这是一种彼此成全的积极模式。如,我们用自己的长处去帮助对方的短板,最后达到 $1+1>2$ 的结果,让所有参与者都能将自己的长处充分发挥,让优势最大化。

能量失衡很容易拉低人的能量,让人产生不舒服的情绪。所以我们要为自己的能量状态负责,无论是哪一种能量状态,都要做到有边界、有平衡,让付出与回收的能量达到正增长。

强大的能量是可以改变能量磁场环境的。正如某些特殊的能量磁场环境,会让人产生一些不一样的感觉,甚至是身体上的变化。如:情绪会引起自身的不适或他人的不适。当一个人处于情绪剧烈波动状态时,就会释放很大的能量,影响他人。暴怒的情绪更容易让人实施毁灭和破坏的行为,就像充满负面情绪的家庭气氛是令人感到压抑和不安的。这种气氛就是能量场,这个能量场会影响人们的身心健康。医学证实,当一个人处于压抑状态时,其身体的免疫系统将遭到破坏,导致免疫力降低,这是引发器质性疾病的重要因素。

物质世界对我们的能量也会产生巨大的影响,在生活中,环境的合理布置会让人更安心、舒适、喜悦和轻松。反之,不合理的环境布置会给人带来紧张、焦虑、烦躁甚至恐惧的身心不适感。

颜色与画面同样会影响人们的能量平衡,它会影响人们的思维,不过,人们在这个方面受的影响因人而异。

中国古人讲天时、地利、人和。一件事情的成败,取决于这三个方面的契合度,缺一不可。所谓成功,也正是三方面因素的组合达到某种平衡所得出的结果。遵循这三方因素的组合规律,可以帮助我们理解因果关系中的能量平衡。

我们在做的每一件事,都是在为提升能量而努力。对于人类而言,能量是以爱为核心的,它是能量的重要支点。换言之，没有爱的人，能量就难以得到启动和提升，痛苦也难以得到消除。

爱就像"道"，而事件和关系则更像"土壤"，爱若离开了现实中的具体事件，就会显得空洞。因此，爱的能量需要在"土壤"中获得平衡。这引申出跷跷板能量连接的具体层次。

4.能量通道层次

每个人的内部世界都有不同深度的能量通道，所以，我们在与一个人对话时，不同的情况下，连接的深度也是不同的。在这里，我们把连接的通道划分为五个层次，这五个层次中发生的是不同深度的连接。五个层次由浅入深，从理性层开始逐步深入，如下图所示。

我们可以看到内部能量通道的五个层次，这五个层次以理性认知层为中间分界，剩下的四个层次分别对称分布于高、低两个能量区。我们无论处于低能量区的某个点还是高能量区的某个点，都与跷跷板的另一端相对应。正处于的点是显性状态，也是直接作用于我们生活之中的状态。

结合能量动力来看，越是向上的能量越高，越是向下的能量越低，从中间的理性层面做分界线，分别是理性认知层面—情绪情感层面—身体感觉层面—精神理想层面—灵魂层面五个层次。五个不同的层面对应着不同的能量状态，它们各自有着不

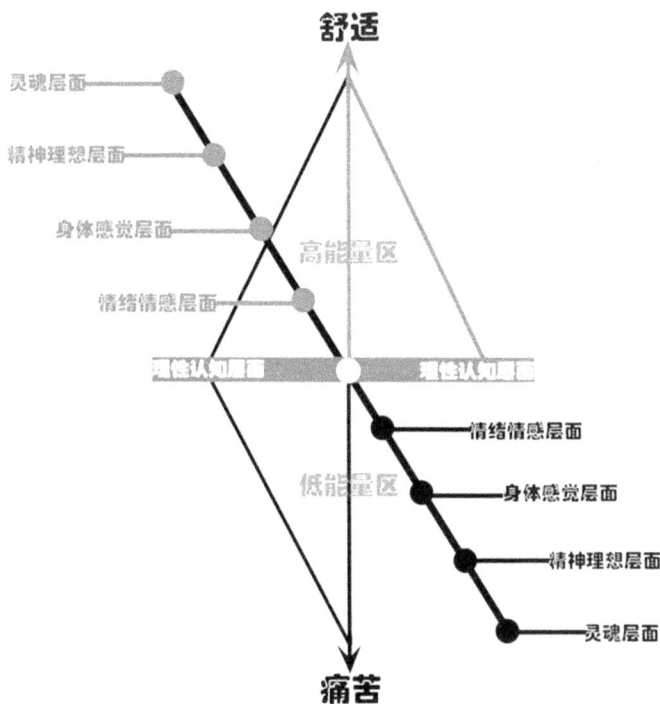

跷跷板——通道层次

同的能量连接模式。

从理性认知层面来看,它处于中间位置,在这个状态下,人们拥有较强的主观意识,没有明显的情绪,也没有更多的智慧和灵性,而是注重事件逻辑的思维模式。

离开理性层面,与其最近的就是情绪情感层面。在这一层里,处于高能量区的情绪情感是充满激情的,处于低能量区的情绪情感却是让人不舒服的负面状态,刚好是对兴奋、激情的压抑状态。它包含了所有低能量的情绪,如愤怒、悲伤、沮丧、自卑等。

　　继续向更深的一层推进,离开情绪情感层面就到了身体感觉层面,位于高能量区的身体感觉层面是身体能力的更多打开,就像内心宁静的高能状态下,人的身体会更具有自我修复能力。但处于低能量区域的身体感觉层面是与高能量区域相反的对身体感觉与修复能量的关闭状态,所体会到的是各种令人难受的躯体症状。他们用身体的痛苦承载无法排解的负能量,负能量积压在身体里,淤积而无法释放。有些人在无法释放愤怒时,会气得一病不起,这类情况都属于浑浊的能量对人体造成了深度伤害。

　　再向前推进就到了精神理想层面,在高能量区的精神理想层面是几乎接近灵性开悟状态的,这个层面有着更多的高峰体验,人们有自己的信仰,拥有更多的智慧和能量。而处于负能量区域的精神理想层面的人到达了精神理想层却未把相应的能量通道修通,卡在了那里。如果无法修通就会被卡在一个脱离现实的自我孤寂状态里。在那里,他们是活在自己的精神世界之中的,脱离了与现实的连接,离现实越远,越孤独痛苦。我们可以看到,在这个层级中,高能量区与低能量区最大的区别是能否与现实世界保持着爱的连接。

最后一层是灵魂层面,位于高能量区灵魂层面的人有一个更圆满的能量状态,没有困惑,能量全然通透。而位于低能量区域的灵魂层面却是一个脱离能量循环轨道的失控状态。这看似与高能量区的灵魂层一样,都是自由的,可最大的区别却在于,高能量区的该层是在规律的轨道之上,而低能量区的该层却脱离了规律的轨道。

如果我们想修通这五个能量层间的能量通道,就需要先确认其能量被卡在了哪一层。"修通"是我们行为中非常重要的任务,几乎所有的行为都在完成各种不同的修通任务。

需要注意的是,当能量卡在第一层时,二、三、四、五层都处于未觉醒状态。当卡在第二层时,一、二层都会存在卡点,而三、四、五层都处于未觉醒状态,以此类推。直到能量卡在第五层时,这五个层面都处于觉醒状态,同时这五层也都存在能量卡点。所以在修通时,处于觉醒状态的所有能量层都需要同步被修通。

在这五个不同深度的连接关系里,若能修通能量卡点,连接越深,对一个人的人格成长、智慧觉醒与升华就越有利。反之连接越浅,对于个人的人格成长、智慧觉醒与升华就越慢。

(1)第一层:与理性认知对话

所谓与理性认知的对话是指我们与人讲道理,用辨析对或错的思维方式与人交流,这是大部分人的连接方式和连接层面,也是连接层次中最基础的一层。有些人好为人师，喜欢给别人讲道理，这是一种单面输出的模式，这种模式的优势是具有防御功能。我说出了我认为对的道理，至于你听不听得进去，那是你的事情了。在领导和权威性角色身上，这种模式显得非常高效。

我们会发现，站在纯理性层面对话并能获得利益最大化的关系，往往是不平等的阶梯关系。如管理与被管理、指导与被指导等具有一定权威服从性的关系。

如果处于这个关系里的人们都完全认同各自所处的位置，同时也完全认同所有的认知内容，那么这个层面中的能量传递和流动就不会受阻。而能量会在理性层面受阻，也正是这两个方面出了问题的结果。

第一个能量受阻的原因是：讲道理的人并非真正获得"权威"的认同，这时就会出现人微言轻的尴尬局面。也就是你说得再对，也没有多少人会听。话语权是需要有一个与其相应的社会角色做基础的。几乎每个人都需要靠自恋活着，自恋对于大部分人而言，都是命根子。其实这本身就是一种对自恋的保护状态。

只因不认同说话人在权威的位置上，便挑战理性认知，这是捍卫自恋的重要方式。子曰："不在其位，不谋其政。"不是人师却好为人师，结果往往是出力不讨好。

现实中，此类事很多。总有些人的处事方式让人不舒服，甚至让人感觉很荒谬,于是一些人就忍不住上前说教,教别人做人,希望对方能改变。可是对方往往并不买账,双方对峙着,能量就被卡在这里了。

总结:如果想影响更多人,要么先努力走上更高的位置,要么先与对方建立友好的关系,尽量避免上来就理性说教,避免能量在关系中打结,流通不畅。

第二个能量受阻的原因是:你说得不对,所以我不接受。如果双方都不愿妥协,各持己见,那能量也会卡在中间,无法流动。虽说权威的话语是具有光环效应的,但毕竟人是会独立思考的,并具有一定的判断能力,不是一个权威身份就能决定一切的。对权威的硬性要求,是需要有真正高能量、高智慧的实力站在那个更高的位置上,才能真的服众。

道理与评判本身是从生活的感悟中提炼出来的"干货"。也正因如此,才能直接越过感受说"干货"。在道理层面想去影响别人,有利有弊。利是,这种方式更适合不带情绪、领悟力高的人。弊是,这种方式会被带有个人情绪或不良投射的人排斥,甚至会被曲解。

在生活中,人们所拥有的强大防御机制,大部分都用在了防御感性的连接上。第一层理性的认知层面的连接方式,能量消耗相对较少,对应人群最为广泛。这种连接方式能满足人们不做防御的需求,可以减少能量消耗。而信任会让理性沟通变得更高效。

　　(2)第二层:与情绪对话

　　与情绪对话分两个区,一个是与高能量区的情绪对话,一个是与低能量区的情绪对话。与高能量区的情绪对话已经超越了理性层的沟通模式,可以通过一些非语言信息传递,如眼神、微笑表情,这是更高的能量交流方式。

　　与低能量区的情绪对话要比理性层的难度大,要与这一层面对话,就得先解读对方的情绪感受是什么。这时我们的关注点落在对方的情绪上。看到对方的情绪,并能给对方真诚的回应,在能力的要求上,难度相对第一层加大了。不过,与人在情绪层面进行能量的彼此交互,是可以通过强化训练提高的。

　　在这一层里,使用的就是情绪表达的方式连接。这需要我们感同身受地切身理解,与对方建立连接。在情绪面前,通常效果较好的方式是先看到并理解对方的情绪,与他们的情绪连接并互动,给予对方感受性的积极回应。不带主观评判,承认并尊重这些情绪的存在,便会更快地打开防御之门。

　　大部分的心理痛苦都源于内源能量连接的断裂,能量流通不畅。这种"你发出来的情绪(能量)我接纳"的态度,本身就是一种重新连接,是后续能量升华的基础。所以说,能量的连接本身就具有一定的疗愈力。

（3）第三层：与身体感觉的对话

在身体感觉层，高能量区是比情绪层更难达到的，具有高纯度能量的人才会启动高能量区的身体感觉和自我疗愈能力，因为大部分人都达不到。因此在这个层面最为保守的对待方式是对其保持尊重，当然如果能理解、能感同身受那就更妙了。

我们要说的更多的是与低能量区的身体感觉连接。"冰冻三尺，非一日之寒"，大部分的心理问题都是慢性病，而并非偶然。低能量如果不能及时清理和净化，就会慢慢从表皮深入肌肉，再入五脏，最后深入骨髓，久了也是回天乏术。

如果能量入了第三层，肉身可以感受到痛苦，说明问题已经比较严重了。

很多人就是因为对能量的了解匮乏，才会让内源能量堵塞，长期遭受低能量侵害。这一层的沟通，可以通过与身体感觉对话的方式实现。

与身体感觉的对话指的是我们的观察和回应目标落在身体感觉上面，包括我们感受自身和感知别人。

身体的感觉是能量在身体里流动时产生的身体感受。在应用心理学中，最为常见的就是心因性躯体症状。这些躯体症状往往是压抑在身体中的情绪能量造成的。如：胸口憋闷，感觉像被什么堵塞了一样，这通常是愤怒被压抑了太多太久之后，造成的躯体化反应。

　　与对方做身体感觉的对话连接,有效与对方建立高质量的信赖关系,更直接地帮助对方排解深埋在身体里的毒。

　　第三层的连接在情绪的触摸深度上要比第二层更深,因为我们需要驾驭身体上的非语言能量信息,这些能量信息是更隐蔽、更难让人觉察的。所以在对连接能力的要求上,也是比连接前两个层级更高的。

　　(4)第四层:与精神对话

　　所谓与精神对话指的是与精神感受的连接,它会直接触碰一个人更深处的爱。与精神对话是跨越理性和表象的连接方式,进入梦想、信仰、使命感等精神领域。在这个层面,贡献较多的是释梦和催眠类方式。这个层面连接的深度非常考验一个人爱的能力、敏感程度以及对能量的投入浓度。

　　对这个层面的高能量区,如果达不到,起码做到尊重,因为在这层的高能量区,本身不存在太多的困惑,也不需要做太多干预。我们要说的仍然是低能量区,信仰和使命感的提升对处在低能量区者很重要。这第四层的对话主要是对一个人能量内循环的扰动过程。这一层中没有"我","我"是隐形的陪伴者,主体是抽象的、具有大爱的、可以全然地激活自身内在的能量、动力与智慧,它能通向自身内在更深处的爱的领域。

　　当连接到精神世界,如信仰或使命时,要做的一件最重要的事情就是将这些能量与现实连接。而之所以会落在这一层的低能量区,是他们的精神领域与现实脱节严重。

(5)第五层:与灵魂对话

与灵魂对话是所有对话层次中最深也是最难的,我们常常用"只可意会,不可言传"来形容此种感觉。那是一种令人深深感动的连接,是心领神会的连接,是没有言说的彼此懂得,也是关系模式中最高质量的连接。

能与灵魂对话的往往是一个人的人格。有着高尚人格的人,他们真诚挚热、情深似海、慈悲有爱。没有太多的杂质,所以更安全。而作为他们身边的人,自然无需防御,纯净能直达灵魂最深处。

那是一种干净而纯粹的深深懂得,更是深深感动。是真切的"我与你在一起"的感觉,这是难以复制的我与你血肉相连的融合,是黏性更高的同在,是关系中彼此感受的全然畅通。这种状态正是一个人可达到的较高的人格修养状态。

七、关系中的能量平衡

跷跷板理论其实是能量的平衡理论,它应用于两大关系,一个是跟自己的关系,一个是跟外界的人与物之间的关系,而这些关系通道的修通都是为了达到能量的和谐与平衡。在能量的关系平衡中,思想认知、态度、情绪情感都是关系连接的决定性因素。每个带有能量释放效果的信息都受着能量通道的保护,同样也受着能量通道的限制。能量连接不受损伤时，能量通道会为之开放，可只要能量受到威胁或伤害，能量通道就会将连接切断，不再让能量继续流动。

在亲密关系里我们能看到能量流动的规律。如：有些夫妻会说，我们的三观不一样，思维不同，所以在一起总是吵架，他理解不了我，我也理解不了他，我们的想法和感受不在一个水平线上。其实就是能量不能融合在同一条通道中，通道总是无法兼容彼此的能量。

像这类情况都属于能量不对等，能量在关系中失衡。因为能量与能量不在一条线上，难以产生交集，无法连接，也没办法给予彼此能量的补充和滋养。

当两个人的能量无法得到顺畅对接时，就无法在同一个频道上对话，就会出现鸡同鸭讲的局面。所以，在关系中，我们需要平衡两者间的能量。

关于平衡关系中的能量，下面有一组能量关系的平衡图，我们可以在了解三个不同区域的能量平衡时，参照该图理解亲密关系中的能量状态，以此帮助我们理解亲密关系中的能量变化和能量差异，然后再有针对性地做能量平衡的调整。

在这一组图中，能量通道各分三层，分别为高能量区、中能量区和低能量区，这是三个不同组别的能量阶层。图中的实线圆，代表一个人此时此刻所在的能量位置，虚线圆代表曾

关系中流量的平衡

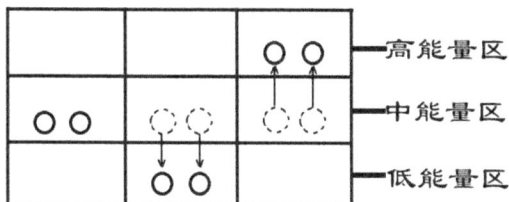

关系中流量的不平衡

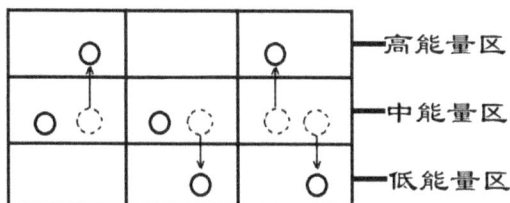

关系中能量平衡与否

经待过的位置。箭头所指的方向变成实线圆,是他们在能量区的变化。

　　在能量关系平衡的图中,我们假设两人刚开始在一起时,都处于同一个能量区域。第一组是两人停留在中能量层,能量没有提升也没有掉落,始终保持原样不动。第二组开始产生变化,两个人的能量同时向更低的能量层掉落了。第三组的变化是两人同时向更高的能量层提升了。这二组的变化是相对理想、和谐的状态,我们也叫它动态的能量平衡。

　　在能量关系不平衡的图中,我们同样还是假设两个人在开始时,处于同一个中能量区域。第一组是其中一人的能量保持原位不动,但是另外一个人的能量却得到了提升,显然在原位没动的人能量已经低于另一人了,这时出现了两人的能量失衡。第二组是一个人还是保持在原位没动,而另一人的能量却掉落到了更低的区域,也是能量失衡的状态。第三组是其中一个人的能量向更高的区域提升,另一人的能量却向更低的区域掉落了,这一组的能量失衡相对更加严重。

在能量关系平衡图和能量关系不平衡图中,三层不同的能量区代表着三层不同的能量通道,当人们进入不同的能量通道时,状态就会发生完全不同的改变。在这六小组能量浮动的关系中,两人共同提升到更高的能量区域是最理想的状态,两人都掉落到最低的能量区域是最糟的状态。

在能量关系平衡的图中,三组关系分别同时在中、低、高三个能量区。第一组是原地不动的。在能量通道中始终不改变的结果,是生活越来越乏味无趣,这种婚姻很容易就变成"死水婚姻"。如果都处于中或下的能量层,那么这组关系将是缺少生机和激情的,大家只是平平淡淡地生活着,甚至是充满痛苦和无力感的煎熬。最不幸的是第二组,两人从原来的能量区同时掉落到更低的能量区,谁也帮不上谁,都是泥菩萨过河,自身难保。这时想要摆脱这种痛苦,就要放下对别人的依赖,各自努力,一起提升能量,自求解脱。能量关系平衡图中的第三组就很理想了,两人同时进步,同时提升能量,同时发生着积极的变化。这样的关系更容易让爱情保鲜,并创造有趣的生活。

再看能量关系不平衡的图,在第一组关系里,其中一个人成长起来了,另一人却没有。第二组是一个人能量掉下去了,另一个人原地没动。第三组是一个成长,一个能量下坠。这三组关系都是两人在不同的能量通道里能量不对等的状态,这时,两人就会出现缺少共同语言的情况,两人都会变得更孤单。我们与相处的任何一个人都在经历着两人的能量是否对等的考验,只要能量状态不对等,不在同一个能量通道中,当有情绪出现时,两人的能量层级就很容易错位。一个人感觉没什么,一个人却感觉很不舒服。一个人感觉很正常,另一个人却觉得自己遭受了不公平的待遇,甚至受到了迫害。一个人觉得小事一桩,另一个人却觉得这是天大的事,怎么都过不去,且纠缠不休。如果还想保住两人的关系,光靠忍耐将就,那是痛苦和压抑的,并非长远之计。

那我们该怎么办?

第一个首要目标是先让低能量区的人到高能量区,与高能量区的人同在一个能量通道,然后两个人再同步向更高的能量区提升。

将位于低能量区的人拉上来涉及运用专业能力的问题。如果身在高能量区的人没有能力拉低能量区的人上来,就要寻求专业的人来帮助,比如心理咨询师。位于高能量区的人常常会看着低能量区的人很着急,于是每天苦口婆心地讲道理,但很多时候就是帮不到对方,甚至还会让对方厌恶,到头来,不但没帮对方提升能量,反而让对方的能量变得更低了。所以在这件事上,即便是身处高能量区的人,也要量力而为,谨防弄巧成拙。

下面是两种能量平衡模式的具体操作方法,分别是自行车式平衡和贫富式平衡。

自行车式平衡

亲密关系需要能量的共同运转来保持前行的平衡。

自行车式平衡关系的理论,我们可以将它简称为自行车理论。

在一对亲密关系中,我们延续着上面所谈到的能量需要保持在同一个能量层次之中,共同前行,才能让关系始终保持平衡,否则会怎么样呢? 我们究竟要如何经营关系才是对的呢? 我们先来认识自行车理论的三种常见模式。

模式一:关系双方的感受都是舒服的,能量互通流畅,关系平衡。

模式二:关系双方只有一方舒服,另一方不舒服,能量单方受阻,关系失衡。

模式三:关系中两人都不舒服,两边能量均受阻,能量不相交。

为什么是自行车理论?

亲密关系中的一对能量动力就像一辆前行的自行车,当两只轮子都"健康"时,自行车可以轻松地前行,可如果自行车其中一只轮子出了问题,那另外一只轮子就很难达成目标。自行车的两个轮子,后轮是动力轮,前轮是方向轮,它们各职其责,需要彼此配合才能前行得顺畅,并最终到达目的地。

虽然自行车的前后轮各自功能不同,但在亲密关系里,两个轮子的功能不可或缺。

如果只用一句话来描述这组关系,那就是"爱是让彼此进步和滋养的重要原料"。而爱这种感觉需要用心地呵护和保持,一旦没有了能量的滋养,这种感觉就会消失不见,一旦失去了爱的感觉,关系就失去了连接彼此的纽带。爱让彼此愿意配合对方。自行车上的两个轮子,具有可以滚动的属性,就像我们都需要具有配合对方的能力一样。可是在婚姻关系里,一旦出现能量卡在关系中的情况,就会出现自行车无法正常行驶的现象。原因是能量被卡在两人之间的能量通道上,只有将两人之间的能量通道修通了,两人才能步调一致,实现前进与共赢。

很多人在这个时候会幻想着，用理性的责任感挽留曾经的那份美好关系，试图用这样的方式让对方继续配合自己这只轮子。可往往做不到，任凭自己如何努力去拉动那只不愿配合的轮子，都收效甚微，最后把自己累得筋疲力尽。

自行车两个轮子的配合取决于关系中是否有连接，爱就是两个轮子都愿意配合彼此的最大连接。如果其中一个没有了爱，另一个爱得再疯狂，关系也难以维持下去。自行车的两个轮子如果不再配合，后轮要向前推，前轮却要向右拐，前行就变成了转圈圈。由此可见，具有目标的一致性，愿意配合彼此，是让关系舒服的重要模式。

自行车的两个轮子被嵌在了同一个框架里，变成了利益共同体。

双方互不了解的原因，往往是两个人不在同一个能量层级中，能量层级的不同会产生不同的需求，这会造成双方思想和行为出现巨大偏差。最大的误解就在这里，双方都认为对方与自己是站在同一个能量层级中，内在需求也是一致的，所以才会对彼此存在不同的思想和行为感到无法接受，也难以理解。在这种情况下，我们首先要做的并不是去判断谁对谁错，而是将两个人的状态解释清楚，让双方看清彼此的能量位置，再进行第二步，将处于低能量层级的人拉上来，尽量让两人同在一个能量层级，然后再讨论双方发展的一致性问题。

用双方都感觉舒服的方式相处,尊重是个重要前提。

总结:关系中的二人就如同一辆自行车的两个轮子,发出动力和把握方向缺一不可。当两个人都不舒服的时候,说明两只车轮无法很好地配合,影响前行。力道和方向的不一致,是由能量层级的不同决定的,在不同的能量层级中,人的需求和感受都会不同。这会直接影响整辆自行车的前行状态,也就是低能量层级的人会对高能量层级的人造成影响,会拖后腿。在这种情况下还想要期待关系质量保持良好,难度很大。所以,先让关系中的双方能量层级达成一致,再谈如何更好地配合对方。

从能量通道的角度看,在关系模式上,哪里难受,哪里的能量通道就受到了堵塞,我们就需要修通它。当两人在关系里都感觉很舒服时,说明关系中的能量流动很好,那只需继续保持或升华就可以了。

贫富式平衡

接着上面的自行车平衡理论,我们结合实际,对能量平衡做进一步的解读,现在要讨论的就是能量不平衡的另一组典型——贫富式平衡。对于贫富差异造成的能量不对等,有六个关键字——"看到你,接引你"。

所谓贫富式平衡是指在亲密关系(这里主要指夫妻关系)中,一位出身贫穷,经历坎坷,而另外一位出身富裕,成长过程平顺美好。这样的两类人一旦组合在一起,就会出现生活中知足与不知足的矛盾。

总结:

贫富式平衡,需要上面的人接引下面的人,下面的人要积极地抓住上面的接引,努力迎上去。

八、能量求简

所谓能量求简,就是用最节省能量的方式实现目标,为生命节约并保存能量。这是人之本能,让自己可以更长久地活着。

当能量变得更洁净时,能量中没有太多障碍物,能量的连接就更便捷。可当能量中间存在很多障碍时,能量之间的连接就要"翻山越岭"地绕过那些障碍才能实现。障碍物会降低能量,缩小格局,障碍越少,格局越大。能量没有刻意,能量最干净的状态就是最简单的状态。

追求能量求简只是为了节约时间让自己去做更多的事情吗?并非如此。提高个人的能量求简能力的确可以为自己赢得更多的时间,做更多的事情,不过,这些只是能量求简的"附加值"。它真正存在的意义是一种修行,是遵循规律。顺应自然的智慧状态,是物质与精神和谐平衡的一种直接的生存方式。

在现实世界中,能量求简不仅需要一个清晰明确的目标,还需要高质量的精神力的投入。几乎所有人都体验并验证过能量求简的力量,它有着能改写一个人命运的力量。

例如:当我们越是想将一件事说清楚时,我们越是会使用更多的语言或行为来阐述它,而经过一个一个传递后,这个消息被传到最后可能早已面目全非了。我们很难做到让信息不被主观意识扭曲。原本可以只用一个眼神就能沟通的信息,因为我们没能与对方产生有效连接,对方解读不了那个眼神传递的信息,我们不得不加入越来越多的冗余信息来对一个"源信息"做解释。这是打破能量求简原则的常见现象,最后才造成了过多的能量消耗。

对于能量求简原则,我在《线说——线的潜意识剖析技术》这本书中有提到过,那就是用简单的画线方式看懂一个人的内心世界。这是有原因的,用一条线解读一个人的奥秘,正是遵循了能量求简原则,正如"一花一世界,一叶一菩提"。

我们把能量分为外源能量和内源能量两大类,能量求简包含了这两大类。外源能量的求简主要体现在人类与自然的关系,然后才是人与人的关系。人们对外源能量的认识和了解,在物理、化学、医学、地质等学科都有体现。而人们对内源能量的认知和了解,在心理学和哲学也有所体现。

我们所有的研究和应用都只有一个目的,就是让人活得更幸福。

这里的求简并非什么都没有,而是遵循人与自然属性规律的契合,是在关系中的能量求简。求简度越高,契合度就越高,这种契合度会让我们节约更多的能量。能量的过度消耗会拉低能量，而能量的节约和保存则会提升能量。

在人与人的关系中，原本可以直接获取彼此能量的滋养，却往往变成了彼此能量的消耗。原因是关系的误解让人们产生了更多的防御和攻击，恶意让人们变得焦虑且复杂，人们的能量就在这个复杂的过程中被过度消耗着，并最终形成恶性循环。

人与人之间会产生防御，造成能量通道的堵塞，那是因为人们感受到了威胁，所以才关闭能量通道，拒绝接收来自外界的能量伤害。实现能量求简不是一个人的事情，而是一个群体共同的事。放下恶意跟攻击，为对方营造安全的环境，能量通道才会被打开。让关系变得简单，才能实现能量求简，让能量连接融合，才能实现彼此滋养。

心理咨询的设置遵循能量求简原理，比如说，在咨询关系里，越单一越好。不建立多重关系，防止关系复杂化，让关系重归简单。

当人们愿意相信人是需要爱、也需要爱别人时，才会更愿意放下恶意，用有爱的认知去理解别人，能量求简就大概率能获得实现。显然，这是当下难以在短时间内得以普及的事，即便如此，我们仍需有一个更清晰的方向。

能量求简原理的最大原则就是简单、专一、高效！最终目的是提升能量，让人们获得更大的能量滋养。

第五章

正向能量流动

一、认识自己的局限性

孔子将人分为四类:"生而知之者,上也;学而知之者,次也;困而学之,又其次也;困而不学,民斯为下矣。"

第一类:生而知之者。天生就是大智慧者,拥有饱满的能量和仁爱之心。

第二类:学而知之者。通过学习而懂得的人次一等。这类人是知道要通过学习和历练才能获得智慧的。

第三类:困而学之。遇到困难才去学习的人又次一等。临阵磨枪,书到用时方恨少,说的都是这一类人,也是目前社会中的大部分人。

第四类:困而不学。遇到困难还不学习,就是下等的愚民。这一类人,明知道自己不懂,但也不想去学习进步。还有一种情况,他们不知道自己不懂,不知道自己无知,所以他们也不知道需要学什么或改变什么。也就是,他们真的不知道自己不知道。

这四类人中,第一类是极少的,第二类是四类人中最多的。学而知之者,学的目的就是要更有效地改变生活,实现幸福美满的生活。他们遵守并顺应着生活规律和自然法则,会有预见性地学习和成长。第三类也是生活中较多的,只是学习和改变更为被动一些。最不想改变的就是第四类,他们能量最浑浊,缺少智慧。

要感受能量的流动,行为是促进能量流动的助力,同时行为也是智慧的使者。行为让人们获得了更多的感受,感受决定了人们是否能够获得更多的智慧。因此,我们所知道的只能是通过能量流动带给我们的,智慧也是如此。人与人之间总是误解不断,从而导致能量流通不畅。事实上,我们每个人都是彼此的"三季人"。正因如此,人与人之间才会产生诸多的误会。下面我们来看一个"三季人"的故事。

早晨,子贡在门口打扫院子。有人过来,问子贡:"您是孔子吗?"

子贡答道:"有什么事需要向我们老师请教?"

"我想请教关于时间的问题。"

"这个问题我知道,可以回答你。"

"那你说说一年有几季?"

"四季。"子贡笑答。

"不对,一年只有三季!"

"四季!!"

"三季!!"

"四季!!!"子贡理直气壮。

"三季!!!"来人毫不示弱。

然后就争论不止,一直争论到中午也没消停。

孔子听到声音,从院内出来,子贡上前讲明原委,让孔子评定。

孔子先是不答,观察一阵后说:"一年的确只有三季。"

来人听此,大笑而去。

待来人走后,子贡忙问老师:"这与您所教有别啊,且一年的确有四季啊! 一年到底应是几季?"孔子答:"四季。"

子贡不解。孔子继而说道:"这时和刚才不同,方才那人一身绿衣,面容苍老,他分明是田间的蚱蜢。蚱蜢者,春天生,秋天亡,一生只经历过春、夏、秋三季,哪里见过冬天? 所以在他的思维里,根本就没有'冬季'这个概念。你跟这样的人那就是争上三天三夜也不会有结果的。"

说完,子贡立刻明白了。

知晓"三季人"的故事我们就能明白《庄子》所说的"夏虫不可以语冰"的意思。就是说,我们不可以和夏天的虫子讲什么是冰,因为它们没有经历过冬天,没见过冰,说再多它们也是理解不了。我们要有随机应变的智慧,要学会理解和包容没有很多经历的人，与他们争辩没有意义，要给每个人成长的机会和时间。

这个故事被流传下来，成为经典的"三季人"典故，而"三季人"也成了那些生命体验少、不能理解较多事物的代名词。

"三季人"在许多人心里是带有贬义的，是对事物体验不足、无知的一种描述。事实上，几乎每个人都是"三季人"。因为每个人的经历和感受都不完全相同，别人经历过的我们没有经历过，别人感受到的我们没有感受过。当我们认识到，"三季人"的不完美状态其实是我们最普遍的状态时，又该如何看待不完美的自己呢？

如果我们能接受并看到自己的不足，在接受它的同时，努力让自己变得更博识一些，这便对应到了孔子所说的第三类人——困而学之。能够看到自己的不足，而且努力改正，这也是非常可贵的。在生活中，如果我们对"三季人"的无知状态更包容些，能在彼此有着明显差距的情况下，还保持积极的进取心和愉悦的生活态度，就会让自己更早地摆脱无知带来的困扰，也会让这个世界变得更加和谐。

有人说，我不想要完美，但是我也没想像现在这样的不完美，我只想要比现在的自己更好一点，因为完美的压力太大，成为垫底又承受不了，只有中间看似最安全。然而无论在哪里，都不是绝对安全，都会遇到人生盲区。在生活中不断探索是每个人无法回避的命运，生命的过程是一个慢慢探索和体验的过程。人间没有绝对的安全地带,探索未知的盲区是人们的必修课。所以,人生只能进,不可退。就如同时间不能倒流,我们也不能对安于现状抱有太多美好的幻想。

宇宙的能量就是这样周到,正是因为众口难调,所以才会给我们变化和发展的巨大空间,让我们可以在这个世界选择自己感兴趣的方式提升能量,每个人来到这个世界上都在努力对人生进行微调,让自己变得更加圆满。

有趣的是,每个人对自己满意的定位都是不相同的,终极的目的却是一致的。就像万条溪流来自四面八方,但最终都汇入了海洋,只是走的路径不同而已。我们每个人的起点位置都是不同的,这个起点位置由爱的能力决定着,爱的能力由一个人的格局决定着。

每个人都在微调着自己的人生。如果没有微调的过程,我们也会缺少很多人生乐趣。人一生要么被游戏玩,要么玩游戏。智慧就像大家长,会告诉游戏中的孩子们,我们正在经历什么。不敢对自己人生微调的人,便辜负了人生这场游戏的盛宴。

在本章中,我们提供多种提升人生能量的具体操作方法,帮助大家种下能量种子并经营好能量种子。人生中所有的改变,都是给能量种子"转基因"的过程。我们就从创造这个话题说起。

二、培养创造力

创造是一个无中生有的过程,是人类有意识地对世界进行探索和改变。创造是鲜活的,充满人性的。创造可以用于解决生活困难,可以利于更多人,可以让人们获得更多的能量滋养。

观察发现,哪里没有创造,那里便是一片死寂,能量值就会降低,幸福指数也同样会降低。相反,哪里有创造,那里的生活氛围就会欣欣向荣,能量高涨,激情四射。

在我们的生存空间里有三个主要的生活空间,一个是家庭,一个是学校,还有一个是职场。我们会在这三大场所里切换,它们会直接影响我们的生存质量。这三个重要场域里的能量活动,都离不开创造力的参与。

1.家庭与创造力

在家庭里,好的气氛如同新鲜的空气,会让人神清气爽,心安神宁。而糟糕的气氛就如同有毒的气体,人们若长期呼吸有毒气体,便会慢慢中毒生病。这种病是由内而外的,最先受到损坏的是内源能量,内源能量变低后,心理问题就会产生,再进一步严重下去便会殃及外源能量,造成躯体上的器质性疾病。

家庭氛围的改善是有规律可循的,其中的关键就是创造力。

创造力在一个家庭中有着"换气"与"排气"的重要功能。所谓家庭中的换气与排气指的是激活并转化能量,让能量在家庭空间里流动起来,达到良性流动的循环,如同将一潭死水变成活水。

创造是内源能量带动外源能量循环和拉升的过程。创造的目的是"变"。人们向往更有能量滋养的变化。变化如同流动着的空气,只要有变化,能量就会重新流动起来,人就有了活力,这会打破一团死气的局面。家庭关系的能量滋养需要用创造力来激活。需要注意,激活的是家庭中所有成员的正能量,而不仅仅是某个人的能量循环。

在婚姻中,很多人能有难同当,却不能有福同享。原因是,在艰难度日时,家庭成员会为了一个共同的美好目标而努力去创造、去改变,虽然当下的生活条件不充足,但却伴随着创造,大家有着共同的目标和美好的愿景。这会激活更多的多巴胺,让人感到兴奋。可当家庭中的共同目标达成后,人们终于拥有了想要的理想生活,目标就没有了,也不再愿意用更多创造力去改变现状。家庭的氛围就会慢慢变得凝滞,不流动,最终变成死水。

创造能激活能量的流动与循环,可以让人们活得比之前更好。

家是一个神奇的地方,那里蕴藏着强大的内源能量,这些能量要么伤害人,要么治愈人。家是一个能量的容器,是人一出生就被给予的一个生长容器。被能量滋养着的人会更爱这里，也会挂念着这里。被能量伤害的人，往往对这里既爱又恨。几乎每个人都被这个时刻散发着巨大能量的空间深深影响着。

家这个能量空间所形成的能量与每个人自身的能量状态有关，与家庭成员间的关系也有关，每位家庭成员都在这里投入了外源能量和内源能量。正因为每位家庭成员在这里投注了自己的能量，才孕育出这个有着魔力的大能量场。这个能量场散发出喜悦或悲伤的能量，它是一个会随着家庭成员情绪变化而变化的能量场。

婚姻的和谐主要看的是内外两种能量是否充足和平衡。每位成员自身的能量状态都是家庭和谐的关键因素。就像一个人心情好，会帮助家庭提升总体能量，一个人心情不好，能量就会很低，就算他不说话，也没做什么，依然会压低家庭的整体能量值。另外，家庭成员之间的能量兼容度也十分重要。

家庭的能量场需要我们像经营事业那样用心经营，需要创造。内外能量需要一种动态平衡的同步发展。家是人们补充内源能量的主要场所，也是消耗能量的主要场所。内源能量的补充离不开情绪情感的流动变化，经营情绪能量是贯穿每个人一生的课题。家也是人们一生都要守护的重要能量滋养容器。

所谓需要一种动态的平衡发展，就是家庭成员不能一直停在原地不动，而是要经常有些不一样的生活体验，并要同步感受、同步经营。"我与你在一起"的内源能量的同在感,是至关重要的。

2.教育与创造力

教育决定着一个人一生的命运与幸福,以及一个国家和民族的兴衰。教育的最低目标是将人变成一个会做事的人,并能遵守社会规则。

好的教育能培养有高尚品格的人。好的教育可以让孩子拥有爱的能力和创造的能力,让他们更热爱生活,能灵活地应对生活中的困难,也能创造更多的美好。

创造力与行为方式是智慧的重要组成部分,实践为创造提供了机会,没有实践的体验,创造便无从谈起。

无论孩子在哪里接受教育,教育都应该帮助孩子提升对生活的热情,对生活的热情也表现在能积极地解决困难。解决困难的前提是参与,从经验中提取更多的灵活性和创造力。创造发生的时刻,人们的能量是高涨和兴奋的。相反,压抑、死气沉沉的能量状态是很难激发创造力的。

意大利的蒙台梭利博士是一位杰出的教育家,在儿童教育研究上成就非凡。蒙台梭利所倡导的教育理念是"教育不是为上学做准备,而是为未来生活做准备"。能量动力的认知理念认为,教育的核心目的是让一个人变得更具有爱自己和爱世界的能力。这包括对自己负责,也包括对别人负责。具体来说,就是让儿童获得身体、意志、思想的独立,达到人格、心理、智力、精神的完善。

蒙台梭利教学法有两个要素:一个是环境(包括教具与练习),另一个是预备这个环境的教师。对于环境要求必须具备六个子要素:自由的理念;结构与秩序;真实与自然;美感与气氛;蒙台梭利教具;能使儿童拥有的生命内在发展模式充分地发挥其作用。

给一个人自由创造的发展空间是无比珍贵的,如果让孩子在受教育的过程中产生不了好奇心,也就很难产生创造力。

蒙台梭利认为干涉儿童自由行动的教育家太多了,他们的一切教育手段都是强制性的,惩罚成了教育的同义词。她强调教育者必须信任儿童内在的、潜在的力量,为儿童提供一个适当的环境,让儿童自由活动。她特制了很多教具,如小型的家具、玻璃、陶瓷等物件,供儿童进行感官练习。

儿童的感官练习对认识事物极为重要。

蒙台梭利是一个内心充满爱的人,她创造了儿童之家,她的教育理念就是让每个孩子都拥有智慧,拥有更高的专注力,她强调让孩子们尽可能地去参与劳动。她为孩子们设计了各种手工和游戏,训练孩子们的动手能力,慢慢让孩子们独立完成一件件小事,让他们熟悉每件事情的工作流程。蒙台梭利认为这是非常重要的,她认为一个人只有在不断地完成各种事务时,他的思维才会变得更具有条理性,并能在完成每件事情中收获自信和成就感。如果在做事的过程中遇到了一些问题,并能想到办法去解决这些问题,他们就能从中收获更大的乐趣和成就感。

如今许多国家都有蒙台梭利创立的"儿童之家",并应用着她的这套儿童教育的理念和方法。可人的成长是终其一生的,并不是过了儿童阶段就功德圆满了。到了小学、初中,尤其到了高中阶段,孩子们的成长就会越来越脱离创造力,大部分家长也会把注意力放在孩子的前途发展上,尽可能地帮助他们考取好的成绩,全力以赴只为成绩的家长是普遍存在的。而这恰恰是丢了最重要的东西,即持续发展他们对生活的热爱。一个人只有热爱生活,才会更积极地启动创造力去解决问题。

提升能量是每个人都需要的,创造力是高能量状态的一种体现,保持创造力是保持高能量状态的一种方式。就像每个人心中都需要一盏指引我们前行的明灯,那代表一种通透感、清晰感,能让人看清前行的路。如果教育中贯穿着爱和创造力,那所有的教育都会充满人性,受教育者也必然会保留爱的能力。

3. 工作与创造力

对人类而言,价值最高的职业往往是具有创造性的职业,这是一种对精神力量的认可。相反,价值很低的工作一般都是在工作中体验不到创造感的。通常人们在职业中的创造力越强,社会的认可度越高,物质回报也越多。相反,在工作中的创造力越低,社会的认可度就越低,其经济回报就更低。不过,大众眼里的价值往往与不可替代性成正比,这个不可替代性指的是社会功能的强弱。可见,创造与价值有时并不完全成正比,对于一些可取代率比较高、社会价值比较低的工作内容,里面只有很少的创造力参与,也不太容易换取较高的物质回报。

创造力本身是一个高能量状态的产物,在生活中,当困难出现时,创造力便有了登场的机会。也就是说,有困难才能展示解决困难的能力。创造的感觉是一种高峰体验,这种美好又神圣的感觉会让人上瘾。所以,解决困难会激发一个人更多的斗志,令人越挫越勇。许多优秀的科研人员对创造和学习会有更深刻的体会,他们清楚创造跟学习之间的关系是什么,与创造相连接的学习从来都不是被动的,而是迫不及待地主动探求真理,好奇使他们充满激情。

创造是对未知的开发,是体验变化的新奇,是生命探索的过程。

好奇心是学习的巨大动力。有好奇心的驱使,人们就会不断地去尝试、学习和创造。

如果我们用心观察孩子的游戏,就会发现,他们的游戏内容其实并不简单,就拿过家家的小朋友们做顿“饭”的“工作量”来说,他们几乎能细致地完成"做饭"的所有流程。他们认真投入的状态,甚至能超过一些心不在焉的成年人,因为成年人在"做饭"的过程里,时常会偷懒、敷衍,会只为完成任务而做。可是孩子们在过家家时,却是全身心投入的,专注力非常高。他们表现出了非常大的热情和创造力,会把一顿"饭"做得花样百出。

记得我外甥女还不到 5 岁的时候,我回家看到小小的她,外甥女很喜欢我,总爱跟在我的后面。一天下午,她陪我一起到田里掐菜秧,我看着小小的她站在我的身旁,非常认真地和我一起劳作,一直到天黑,我们才停下来。整整一个下午,我们没有休息过,她插的菜秧并不比我少。在干活的过程中,我发现她的手法跟我并不完全相同,甚至在我看来那是不"标准"的。在成人世界里,通常会将之理解为"他们不会"。是的,这也是事实,但她并没有因为自己不会就直接放弃,而是自行创造了一种奇怪的新手法,完成了几乎与我相同的工作量。

在她身上我感受到,试错也是创造的过程,当试错成功时,便不会再有人说那是错误了。

我看到很多不到 10 岁的孩子学习机器人编程后,在老师的指导下,拿木板、铁皮进行切割打磨。他们完全不像什么都做不了的孩子,甚至比成年人更加认真和执着地对自己的模型进行一遍遍的改进。他们享受创造的过程,能连续忘我投入,最终完成一件自己的精致作品。他们带着自己的作品参加比赛,获得优异成绩时,自信和成就感都写在了他们的脸上。

那对于更小的孩子呢? 他们也能在创造中学习吗?

是的,他们也可以。

孩子在成人面前的每一次表现,都充满着参与感、热情与期待。孩子越是努力表现自己,越说明他想融入和连接更多的现实关系。在这个时候,能够适当地给他们一点实践机会,就是给了创造的机会,奇迹就可能发生。

我必须说,儿时参与成人的生活劳作,这对我一生的影响都是深远的。我无比感恩,当年父母给我各种做事的机会,他们鼓励我,让我用自己的方式解决困难,让我创造属于自己的办法。我想,也正是这种力量,才可以让我创造出线解析技术和能量动力理论。能量的种子早早就在我的心田里种下了,只待时机成熟,前面所种下的种子便会开花结果。

这些成长过程中心灵的震撼,人格与能力的发展和提升,都不是从课本里学得来的,而是从现实的实践中获得的。

因此,一个人在工作中的幸福感与价值回报率关系不大,与工作中的创造力关系更紧密。也就是说,人们无论选择做什么,只要是在有创造力的工作环境里,哪怕是很辛苦也会令人充满快乐。工作中的创造力可以激活内源能量,进而使身体激素水平发生积极的变化。创造力与能量的滋养程度通常成正比。

对一个人而言,外源能量达到生存满足后,如果没有内源能量的滋养,很快就会枯竭,人也会感觉抑郁无聊,这时就更需要创造性的工作为其补充能量。人需要启动自身的创造力进行工作,虽然创造性的工作背后往往需要承受不确定性的焦虑,但人在这种刺激下反而更容易变得有活力。

有人说,我感觉自己很奇怪,既想创新,又害怕创新,这是怎么回事呢?人类的能量大多处于黑与透明之间,而能量色谱中的灰色区域,属于能量的半饱满状态。大多数人对新奇事物的感觉是矛盾的,在喜欢的同时也排斥。正如,恐惧是人类最大的敌人,同时又令人着迷。恐惧的背后总是有着一股神秘的吸引力。高能量指向创造和探索,会让人充满好奇;低能量害怕变化,恐惧未知,也拒绝尝试。处于两种能量之间的人,就会对未知既害怕,又好奇,既想去一探究竟,又缺少勇气。我们可以通过一个人的创造力强弱,来鉴别一个人能量的高低。

每个生命体都需要变化与创造的滋养,没有创造性的工作空间,整个社会都会一片死寂。

有人可能会说,每天自己都会做很多不同的工作,变化是非常多的,可为何每天都会感觉身心疲惫呢?当人们产生这种感觉时,说明他们并没有在那些不同的工作中运用创造力。创造是需要践行的,变化是由我们自己创造出来的。形式上做再多不同的事,里面没有投注自己的创造力,都不会获得更大的能量滋养。

潜　能

没能在工作中得到能量滋养的人们,大多是缺少创造性体验的。你可能会说,自己是在做创造性的事啊,每天的工作都有进展,也有变化。这里我们必须澄清一点,这个创造必须是来自我们自己的灵感和好奇,而不是去完成别人指挥下的创造,参与别人的创造或执行别人的创造只是形式上的参与者而已,灵感并非我们自己的。只有用我们自己的灵感去创造并执行,才能令我们在工作中获得创造力所带来的能量滋养和满足。

4.创造力的衡量与提升

能投入创造性工作的人,都能在工作中得到滋养和满足。而只是奉行别人指令的人是不可能在工作中得到相同能量滋养的。

我们可以通过对工作投入的关注力值来判断参与者的创造力有多少。

关注力值是指一个人对事务所投入的精神能量值。这个指标的区间为0~100,0是完全不关注,100是百分之百地投入关注力。

工作中人们的关注力值越低,创造力就越弱,反之,工作中的关注力值越高,创造力就越强。关注力值会直接影响人们的工作效率和幸福感。

我们现在来进行一个体验,拿起毛巾擦桌椅,尽可能地认认真真来擦,并用心地感受自己按住毛巾,擦拭表面的每一个细小的感觉,用心地感受桌子、椅子,一旦与它们产生连接,就会带给我们一种深深的感动。随后,心中便会有源源不断的感受涌动,具有创造性的灵感会源源不断地迸发出来。让人惊叹的是,与正在做的事情连接上的感觉是无比喜悦的,美妙又微妙。

如果我们这样用心地去体会擦桌子的感觉,感受手中毛巾的湿度、分量、柔软度等,充分地接纳它,没有嫌弃和敷衍,再通过手中的毛巾去触摸桌椅,随着专注力的提升,心中会升发出一种温柔的爱。我们可能会因为手中的毛巾掉毛严重或太粗糙,而觉得有些"对不起"桌椅板凳;可能会感恩手上的毛巾跟了我们这么多年;也可能会去思考,什么样的毛巾能更好地保护这些被擦拭的物品,还会考虑毛巾过大或过小等各种利弊因素。于是真的有人创造出了专门用于擦拭家具的抹布,还成了网红款,它满足了上述的大部分要求。我相信,能开发出这款抹布的人,一定有做家务的体验,并且还是很专注的体验,所以才会有这种心得体会去创造一款可以满足人们对清洁家具的需求的商品。正是因为他们在做事时投注了更多的专注力,才能迸发出灵感,创造出这些更贴合生活需求的商品来。他们更为细腻地体会到了那些生活细节:要用怎样的材料更合适,多大的尺寸会让人们用起来更顺手,他们甚至会去做更多细节的分类。这些具有创造性的劳动,是无法单凭想象力完成的。

潜 能

当一个人非常专注地做一件事时,会发现,自己的创造力会源源不断地被激活,并且迫不及待地想去尝试那些具有创造性的灵感。

经常可以看到孩子们非常专注地玩一个游戏,他们有着比成人更为纯净的内在世界,会很容易投入更高的专注。如果我们看到他们正处于高专注力时,只要是安全的,尽量不要打断他们。这是他们开启"工作"热情的启蒙时刻。

学习也同样考验一个人的关注力。学习和工作都是游戏的延伸,人就是在这样环环相扣的游戏、学习和工作中获得了幸福和成长。

游戏是孩子们的第一份"工作"。专注力不仅仅是在人们的工作和学习中培养的,还可以在一个人的感受性上强化。

专注地做事,人们可以感受到更精微的内容——很多内容平时是很容易被忽视的——创造性的灵感往往来自这些精微内容的启示。提升专注力有助于帮助人们提升能量并激活创造力,创造力在生活中是无处不在的,它也是一种让人获得独立思考的能力。

社会是一个复杂的训练场,是最能历练人的地方。我们需要更主动地在生活中投入更高的专注力,去感觉那些美好的部分,这是开启一个人智慧的方便之门。

三、能量正循环三步法

能量动力理论为我们得出了一个非常明确的结论,这个结论就是,当一个人内源能量和外源能量都顺畅流动,形成能量正循环时,人的状态就是健康幸福的。能量的内外循环非常复杂,这让一些人不知道该从何处入手。要实现能量正循环,我们可以从大的方向入手,下面就是实现能量正循环的三个可操作的步骤。

1.建立美好愿景

当一个人的能量不足时,他们便会失去爱的能力,他们的低能量状态容易让他们变成一个破坏者,他们会伤害自己,也会伤害别人。想要获得幸福的人生,需要做的第一件事就是建立美好愿景,其中也包括一个更好的自我定位,那它应该是什么样的呢?

能量的补充需要一个高质量的能量"发动机",这个"发动机"原理是启动高能量的动力,相信并愿意为美好(高能量)的未来做出改变,有实现美好未来的决心,人们就会变得更加积极且富有活力。人们需要对美好愿景充满信心,其实美好愿景就是我们前面所提到的能量种子。这是一个念头,一个对美好未来憧憬的念头,我们需要先有这样一颗高能量的种子,才能保证孕育出高能量的成果。

"爱"是美好愿景的核心,缺少爱的愿景不能帮助人们提升能量。

2.做好详细规划

古代出兵打仗时,通常都是兵马未动,粮草先行。无论我们做何事,都需要未雨绸缪,提前做好计划和准备。

那可不可以想到就直接做? 不去做计划,也不去做准备? 对于简单的小事当然可以。就像我们渴了想喝水,饿了想吃饭,那就直接喝水、吃饭就好了,这些事都非常简单,不涉及复杂的问题。

在我十五六岁的时候,我曾很焦虑自己会长大,会变老,会变得难看,我担心变老、变丑后,就再也没有人喜欢自己了。可是衰老却是不可逆的自然规律,我们每个人都无法阻止衰老,这个残酷的现实我必须去面对。可是我却不甘心,我还是想要绝处逢生。我后来想,我只是想要过美好的人生,只要能达成这个愿景,即便我衰老了,又有何妨呢? 如果可以抛开一条走不通的路,换一条新思路,等于给了自己更多选择的机会。但是如何才能实现这个可以美好生活的愿景呢?

这个时候,我开始对自己的人生做规划。我开始思考并假设自己各种不同的活法以及最终会成为的样子,10 年后的自己什么样？20年、30年、50年后的自己分别都什么样？我拿出自己最大的野心去畅想，甚至先不去管究竟如何才能实现的问题。我用心地去体会那些幸福的人生，那是不是我想要的？我发现自己在追求一个永恒不变的东西，它强大到可以永远不会消亡，并且会让拥有它的人幸福安康。这个世界到底有没有什么东西是可以永远不衰老的？

我进一步去思考自己要成为一个什么样的人，思考具体的人格品质是什么样的。我奶奶没有读过书，却有着极强的思辨能力、极高的心理素质，还有着如演说家般的口才。奶奶的多才多艺在村子里是小有名气的，剪纸、绘画、刺绣、手工制衣，种种都是全村最好的。奶奶的勤奋和极强的动手能力，直到今天我都钦佩不已。她一生没有外出工作过，但她也没有贫穷过，一直都在接私活帮衬家计。即便到了她80多岁，身体功能不断退化，她还能不温不火地去做力所能及的事。奶奶的生活经验仿佛数不尽的宝藏，尽显她对事物规律的熟知和把控力。我在奶奶的身上看到了与年轻、美貌无关的魅力，那份魅力就是她永不衰老的智慧与爱，这种智慧反而会因为岁月的沉淀，变得更加神秘且耐人寻味。在岁月的积淀中，我似乎可以感受到，每个时代的美好与爱都是独一无二且不可取代的，都是如此可贵。

我不禁感慨，这是值得用一生的时间去修炼的人格品质。即便我们终将老去，也可以优雅地老去，带着一身的才华，不失贵气地老去,有尊严地老去。

奶奶去世后,我仍然会时常想起她,我也会因为奶奶教会我的某种能力而记起她。她就像活在我的生活里,用她的智慧和人格魅力影响着我,推动着我向更美好的方向发展。

我无数次地去验证这个答案,最后发现,充满爱的能量、富有质感且丰富多彩的生活智慧都是永不衰老的,并且被人喜爱和需要。在那一刻,我如醍醐灌顶般变得无比清醒——要变成一个充满爱和生活智慧的人,让人生变得更从容、通透、自信,没有畏惧。

清晰明确的方向可以让人少走很多弯路。

想清楚了自己的人生目标,知道需要做什么,之后就进入了最关键、也是最后的一步,那就是付出行动。

3.付出实际行动

方向定位和准备是行为的导航和动力,行为需要它们的指引和催动。

未雨绸缪虽然可以指挥行为,但我们却需要活在行为的过程之中,而不是只追求一个行为的结果。

行动是通往幸福人生的第三步。没有这一步,前面的美好愿景和准备都如同云烟。行动是将其转化为现实的唯一手段。

付出行动参与生活,应是顺应自然规律的合理参与。行动是调动能量,使之流动循环起来的重要方式。能量的循环彼此辅佐,爱推动能量,能量推动行为,行为产生智慧,智慧打开格局,格局再开启爱的能力……在这样一个规律性的循环里,缺少任何一环都会破坏整个能量的流动循环。在行动的过程中,可以一边做事,一边解决问题,智慧可以为行为的有效性保驾护航。

在能量的循环中,爱产生能量,能量推动行为,行为产生智慧,智慧架起格局。反过来,爱撑起了格局,格局决定了智慧,智慧确定了行为,行为彰显了能量,能量显露了爱的能力。要想解决问题,我们是无论如何都绕不过格局这个话题的。认识并打开格局,我们就能将事情或问题看得更透彻,许多问题便会迎刃而解。

第六章

格局与能量

作为一个普通人,我们能做些什么,让自己变得更好呢?

一、打开格局

1.格局的解读

格局是一个人内在的容器,也是行为的框架,这个框架决定着每个人的意识容量和行为内容,外在表现为眼界大小。格局决定着一个人一生的成就大小,这个框架圈出了我们每个人的能量流动范围。

一个人的格局框架越大,他的能量流动空间就越大,他所能得到和享受的资源就越多;相反,一个人的格局越小,他的能量流动范围就越小,他所能得到和享受的资源就越少。这个资源既包括外源能量,也包括内源能量。

爱是这个世界上最大的格局。有大爱者必有大格局,有小爱者必有小格局,无爱者无格局。爱什么,格局里的内容就体现什么,爱包含着什么,格局里就有什么。如果一个人的爱十分匮乏,那他的格局也必然是狭小的。

如果我们用爱来界定格局,那就是爱的范围大小即格局的大小。如,只爱自己,或只爱身边的少部分人,这样的人做事格局就很小;相反,一个人不但爱自己和身边的亲人,还爱着更多的人和更多的事,甚至爱着天下苍生,这样的人做事的格局就很大。

可见一个人想要变得格局大,就得更爱这个世界。

行为方式取决于一个人的智慧,而一个人的智慧来自他内在的格局。一个人格局框架的大小是由爱的能力撑起来的。所以,我们不但得有爱,还得会爱。

我们遵循能量求简的观点,越是简单直接的方式,越容易达成高频能量的补充。

正如,越是接近大爱的状态,越是纯粹,同样,越是大的格局,也越纯粹。

大的格局能用更为简单的方式处理问题,可以在源头处看问题本质,并处理它们,清晰且高效。

2.格局的视角

每个人都会有一个看待问题的视角,看问题的不同视角展示着人们不同的格局。

如果站在一个事件的视角看问题,我们看到的是事件本身,便没有对错,也无得失。

如果站在人的一生的视角看问题,我们能看到的是从生到死的利弊与得失。

如果站在一个家族的视角看问题,我们能看到的是多代人的传承、发展与得失。

如果站在一个国家的视角看问题,我们能看到的是国与国之间的关系以及民族的兴衰和发展等问题。

如果站在人类发展的视角看问题,我们便能看到整个人类的演化与危机。

如果站在跨越生死、能量转化的视角看问题,我们看到的就是物质转化的大规律。

无论我们站在哪一个角度看问题,我们都在其中。但因为看到的内容不同,会影响人们做出不同的反应和行为。

在中国的文化里,格局是一种非常高远和重要的内在修养,人们会力求通过更高更大的视角去理解人生。带着更高远的格局观,我们应该未雨绸缪,留有后路,而不是只看眼前的利益得失。

3.真假格局

格局其实有真有假,正如每个人都有不同的人格侧面,而这些人格侧面里,有些是身心一致的,有些却是表演伪装的。这契合了当今很流行的一个词——"戏精"。也就是说,格局

其实也是可以表演的。简单地理解真假格局,就是非表演性
的、身心内外一致的为真,而带有表演性的、身心内外不一致
的为假。

当我们去评价一个人时,往往都是以对方的行为和态度作
为评判依据,格局其实是我们对自己或对他人的一种认识。

我们之所以要在这里如此郑重地提到真假格局这个概念,
是有时候连我们自己也不清楚自己的格局是真还是假。

我们先来看下图。

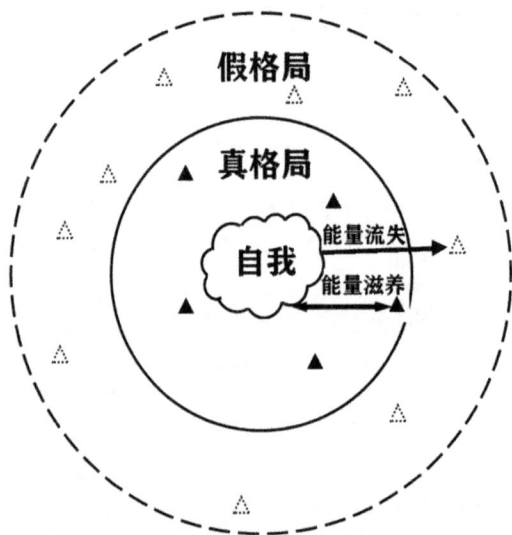

真假格局

上图最中心的云朵形状代表自我,自我周边有一些实心的

和空心的小三角,分别代表生活中扰动我们的事件或情感,以实线大圆为界线,大圆向内表示真格局部分,向外表示假格局部分。

实线圆圈内的实心黑色小三角,是真格局下发生的事件或情感,这些事件和情感都是对自我有滋养的,能量在这里的流动是顺畅的。而在实体圆圈以外的虚线白三角,是假格局下发生的事件或情感,这些情感和事件对自我是没有滋养的,不但没有滋养,还会对自我的能量有所消耗。

图中我们可以看到有一长一短两个箭头,实心黑三角的箭头为双向箭头,一端指向黑色小三角,另一端指向自我,这表示情感或事件的扰动,能量的流动是双向的,是有能量循环的,既能滋养自我,也能滋养外部的"黑三角"。另一条长箭头是自我指向空心的白三角,这表示自我的能量是向外流失的,这些情感或事件对自我能量没有滋养,反而还有消耗。

所谓真格局是指内外一致的言行。如,我在做这件事时,是真心真意的,是我心所愿,是我心中真爱的动力推动着行为产生的过程和结果。

何为假格局?

所谓假格局是指内外不一致的言行。如,我在做这件事时,表面上是高尚的,可实际上却并非发自真情所愿,而是具有伪装或模仿性质的思维和行为,在形式上做大格局的事,但并非完全发自自身的动力。

比如,有些刚毕业的学生从小家境优越,看着长辈们做生意都是大手笔,他们在没有足够经验和能力的情况下,一开口就向家长要钱来创业。他们见过的、玩过的、用过的可能是比一般人更多、更好些,但他们的认知和人格还不够成熟,并没有达到内外一致、全然通透,他们的行为与内在能匹配的格局还有一定距离,一旦忽视这个距离,就很容易因为对自己的认识不够,而遭受挫败。不过,吃苦往往更有助于帮一个人唤醒爱的能力,而爱的觉醒就是格局被打开的时刻。

我们来做真假格局的区分,其目的是让人们可以更好地了解自己,保护自己的能量,尽量不让能量受无谓的损失。

4.文化与格局

中国的国学文化一直非常注重格局,并认为一个人的格局与他的个人品德修养有着直接关系。也就是说,一个人的修养越高,他的人生境界就越高,人生的格局也越大。

中国文化非常注重一个人正直、真诚、光明磊落、问心无愧的君子品质,希望人能胸怀大志,高瞻远瞩,有可承载更大使命的格局。

在这样的文化中,我们可以看到许多内在的精神修养以及自我约束。它是中国人几千年来处理关系的标准和底线,这里孕育了"礼"和"法"。

在此我们有必要辨别一些带有道德绑架、过度压抑以及其他伪道德的行为。

一个拥有大格局的人通常都有着高尚且宽厚的个人情怀,这是一种强大的精神力量,不会轻易被外在物质和权力所撼动。

当这些高尚的标准慢慢变成一些道理和准则,而被后人使用并遵守时,才有了假格局的模仿。

在中国的传统文化中,教育者不只是传授技能和知识点,还要教学生如何为人。也就是如何成为一个真正的人,而不仅仅是一个拥有某种技能的人。所以,成为真正称职的"师"并不容易,师者本身就有很高的人格修养,还需要有大爱和大格局才行。

5.爱有多大,格局就有多大

如果我们用最简单的方式来解释和理解格局,那就是,一个人的爱有多大,他的格局就有多大。

格局是容器,爱是填满这个容器的内容,爱越多,容器就会被撑得越大,人的格局也会变得更大。

在心理咨询工作中,我们会接触各种各样能量枯竭、能量混乱以及能量隔离的人。

　　能量枯竭的人会感到抑郁,能量混乱的人会感到焦虑,能量隔离的人会出现强迫行为或强迫思维。他们的共同特点是,能量无法滋养自身,并且都有着不同程度的痛苦。他们的格局都很小,因为他们的能量枯竭严重,这本身就是爱之缺失的结果,没有那么多的爱,又怎么可能有大的格局呢? 但这并不是一成不变的,当人的能量饱满时,就会变得更有爱,格局也会跟着变大。当人能量枯竭时,又会变得冷漠起来,这时格局会跟着变小。

　　如果我们去看低能量者的内心世界就会发现,他们内心的容量很小,他们几乎没有更多的能量对内、对外进行连接和循环。一个缺少爱的人,便没有能量装下更大的事和更多的人;没有更多能量的连接,自然没有更多的爱产生,也无法有更大的格局。这会形成一个能量的负循环。

　　这个时候如果还要求他们去做大格局的事,让他们去帮助别人,这是不合理的,也是很危险的。

　　想要帮助他们拥有更大的格局,就得先帮助他们修通能量通道,让能量畅通流动,让他们可以获得更多能量的滋养。

　　首先要给他们足够的安全感,这样才能帮助他们打开心门,去看大千世界,让他们与更多的人和事连接,这有助于能量的循环,也可以唤醒他们爱的能力,去爱更多的人。有时候哪怕只是让他们多爱自己一点,他们的痛苦感受都会明显减轻。而修通能量通道,本身就是连接爱的过程,是提升爱的能力的过程,更是打开格局的过程。

经常会有这样的女性求助者,她们的心中只装着自己的老公和孩子,她们把全部的专注力都放在老公跟孩子身上。她们非常敏感,老公与孩子的任何负面情绪都会扰动他们,这令她们十分痛苦。

如果一个人将自己的专注力全部放在某个人身上,他的创造力就会指向不断发展控制的能力方面。他会想尽一切办法控制对方,在关系里这会让人产生窒息感,表现出明显的偏执。

一个人爱的人少,爱的能力就会弱,格局也会非常小。一个人的格局越小,做事就越小家子气,也越不自信,总担心对方不爱自己,甚至怀疑对方会背叛自己,为此会花费大量的精力应对。

当一个人的格局变大时,他内在的空间就会变大,就可以用更多的能量来应对。现实的物质世界也会相应变大,能触碰的资源也就更多,可以看到更多的机遇,会有更多的选择,也会有更多可以舍弃的资本。生活更是如此,人们喜欢选择能滋养自己的事,而放弃对自己能量滋养不利的事。

婚姻也经常存在这样一种现象,一个格局大的人和一个格局小的人生活在一起,格局大的人心中不仅有家庭、爱情,还有事业跟梦想,也愿意肩负更多的责任跟使命。而另一个格局小的人,只装着自己或另一半,每天盯着对方,不停地确认对方够不够爱自己,甚至会寻求私家侦探窥探对方的一举一动。

　　而越是格局小的人问题就越多,并且不愿接受别人的建议,不愿改变。在夫妻关系里,通常都是格局大的人主动向外发出求助信号,也更愿意做出积极的改变。

二、打开格局三步骤

1.打开自己

　　敞开心门,开拓视野,认识自己,认识世界。

　　持开放心态,像海绵一样去吸收更多的客观信息。抬起头,向更远的地方看更多的东西。

　　总体来讲,第一步打开能量通道,尝试去与更多的事物连接。

2.爱上生活

　　我们要开拓视野的真正目的,是让自己看到与世界连接的更多可能性。然后再进一步研究如何让自己跟这个世界的更多方面连接,当一个人与生活真正发生连接时,就会爱上这种生活,爱上这种现实。只有跟现实连接起来,才能让能量流动起来、循环起来。让人们在更多的事件中寻找适合自己的位置,而不是越过过程去追求结果。即便那样结果是好的,内在的格局依然难以被真正打开,只要内在的能量流动受阻,就依然会感觉痛苦。

我们要开启的是一个人的格局,而不是开启一个人的欲望,是让人在有更多选择的情况下,感受当下正在发生的事情,并与能量连接互动。

可能有人会好奇地问,人与物也可以有能量的流动吗?是的,人与事物之间也可以有能量的流动。如果每天都能将生活空间打理得整洁干净,再养些清爽芳香的花草,那是可以增加一个人能量的,也可以增加生活的热情。如果每天生活在臭气熏天、乱七八糟且毫无秩序的环境里,心情也会受到影响,容易变得烦躁。

激发一个人做事的热情,并爱上这个实践的过程。这就到了第三步,用实践达成目标。

3.身心统一

这是一个信息技术发达的时代,我们想开拓视野其实并不困难,真正困难的是第二步和第三步。我们不仅要爱上具体的某些感觉,如充满好奇心的感觉,还要用真心、带着敬畏感去践行。

心,代表我们心中所想。

身,代表身体力行。

身心统一,代表心中所想与身体力行要一致。

潜　能

　　任何事情都不能只停留在想象的层面,人需要更高的能量,并顺应客观规则,这种顺应是需要动起来才能完成的。

　　通过实践发现,有些东西我们是不能触碰的,例如,我们把手放进火中就会被烧伤;如果碰硫酸,也会被烧伤;如果失去空气,就会窒息。我们没有办法通过坚强的意志力去战胜这些生命属性的相克,我们只能尽量避开危险,顺应自然。

　　勤奋努力地做事,爱自己,也爱他人,就更容易获得平顺幸福的一生。可要如何做呢？让心灵与身体都全力以赴地投入其中,心无旁骛。

　　身心统一能让人获得安全幸福之感。身心本一体,若不统一,就会出现身心分离的焦灼状态,分裂的程度直接决定了一个人与自身、与社会的矛盾程度。矛盾中的"盾"就像栅栏,会将一个人的格局圈起来,限制能量的流动,也限制能量的滋养。我们前面说过,格局的大小是被爱撑起来的,没有更多的爱,自然不会有更大的格局。

　　提升人们爱自己和爱他人的能力,多动手做事,就有机会爱上生活。如果没有丰富的生活经历,空谈热爱生活,那是不讲道理的,是空话。

　　有这样一类人,他们说起话来思路清晰,头头是道,认识深刻,可现实中他们却一事无成,还会抱怨这个世界辜负了他们。

　　其实大部分怀才不遇者,都是不擅长与外界连接的人。虽说实践是通向梦想的唯一阶梯,但我们首先得坐上可以实现自己能力的"车",这需要合作才能实现。天人合一的"天"也包括别人。彼此成全,是非常重要的合作方式,我们把自己的资源分给别人,别人也会更愿意把他们的资源分给我们,这也是在实现天人合一。

"身"遵从"心","心"主导"身",踏实做事,心对了,行为就对了,心错了,行为就会出错。"身"是"心"的工具,"身"也是"心"的炼金师。没有身的积极参与,心便不会得到更多的智慧。只有身心的彼此配合,才能最终打开更大的格局,帮助人们获得平和与幸福。

正如一个人脑子聪明,再配上丰富的生活体验和丰富的人际关系,那会是锦上添花。有时,身心也会产生矛盾,有些人脑子聪明却缺少格局,会耍小聪明偷懒,避免付出太多,这实在是太可惜了。只要他们愿意与他人连接,也愿意脚踏实地、勤勤恳恳地做事和反思,他们的格局就会被打开。正如水到渠成一般,各种惊喜都会不期而至。

第七章

神经症中的能量动力

能量动力理论更重视整体能量的流动变化,重视整体的能量激活和能量修通。当能量通道畅通,能量动力被激活时,各个点位的问题就会被能量"冲"开,许多问题会迎刃而解。我把它形容为一种"面"的干预方式,它区别于"点"的干预方式,它是活泼的、充满活力和创造力的(见下图)。

神经症中的抑郁、焦虑和强迫很少是单独一个症状存在的,除非是情况比较轻微的初期。大部分的神经症,都是复合型的,也就是至少有两个以上的神经症同时存在,只是更侧重于某一种。

从医学视角看,人们所产生的不同临床症状都与人体的一些重要激素水平有直接关系。能量动力理论提出的是一些切实的解决方法。

"想"和"做"是一对需要平衡的关系,对于大部分的神经症患者来说,往往想的要比做的更多一些。我们也可以反过来这样理解,当一个人不在现实与人和事产生连接时,他们就会在脑子里通过"想"与这个世界连接,并且这种想是难以控制的。从结果上看,人与这个世界的人或物进行沟通和连接是生命本能

潜　能

心理痛苦

原因

能量阻塞 → 能量不足 能量失衡 导致 焦虑 抑郁 强迫 偏执 幻听幻视 等心理问题

恐惧　无知

受到伤害　学习资源

自己　他人　不足　充足

不了解自己 忽视自己　被误解 被忽视　资源匮乏 现实困难　学习动力不足 内在原因

解决方案：补充能量，恢复能量平衡

修通能量通道

恢复能量内循环　恢复能量外循环

爱自己的能力　爱他人的能力

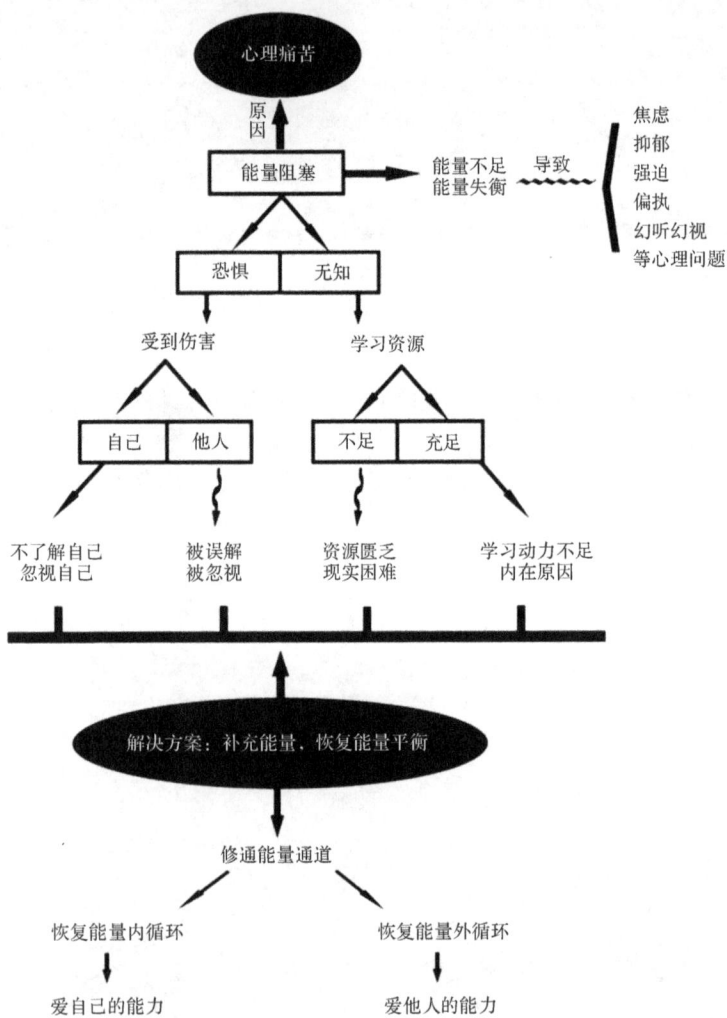

能量的阻塞与修通

的需求,只要满足了这种与外界连接的生命需求,就不再需要通过脑补的方式让自己陷入神经症之中。

神经症中的抑郁、焦虑和强迫,它们的共同特点是,能量都受到了不同程度的阻塞,无法顺畅地流动和被吸收。这导致人们能量枯竭,产生痛苦。神经症中的人们最需要的就是获得能量的滋养,其实就是提升自身的能量。想要获得能量的滋养,就必须让能量内外循环都变得顺畅且持久,这样可以帮助人们恢复激素的正常分泌与平衡。能量的循环是通过爱、能量、行为、智慧、格局五大部分完成的。本章分别对神经症中三大症状——抑郁、焦虑和强迫,结合能量动力的能量提升规律进行解读,并提出与之相关的一些解决策略。

一、抑郁症

1. 抑郁症的症状

抑郁症是一种令人非常痛苦的精神障碍。它以显著而持久的心境低落为主要特征,部分患者有自伤行为,可伴有妄想、幻觉等精神病性症状,严重时可能发生抑郁性木僵,表现为面部表情固定、对刺激缺乏反应、话少甚至不言语、少动甚至不动等。抑郁症发作时一般表现为情绪低落、兴趣减退、精力缺乏等。

2.抑郁症的能量状态

如下图所示,中间的圆圈代表能量,我们可以看到抑郁症的能量状态是越向下越小,越向上越大。而抑郁症的状态就是能量越来越少,能量愈发枯竭。如果我们想改善抑郁,就要想办法提升能量,能量值提升上来后,抑郁就会逐渐减轻。

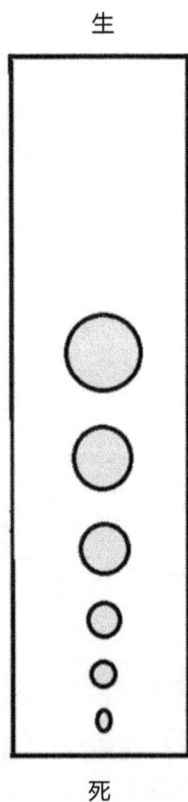

生

死

抑郁症的能量状态

抑郁症是严重能量枯竭的状态,核心的原因是缺少爱的滋养,一个人内在的爱越枯竭,能量就越少。这种缺失的能量是由内至外的,也就是说,越是抑郁的人,他们越没有能力爱自己,能量就枯竭得越严重。他们爱的能力也相应会越来越弱,进而变得越来越冷漠。其实不是人变了,而是能量枯竭症状本身的表现。

爱的能量需要通过不停的流动获得,这就需要我们与丰富的生活连接。能量连接的丰富程度可以直接决定一个人抑郁状态的强弱。

从能量动力视角来看,抑郁症人群都需要能量的补充、爱的滋养。他们擅长思考,但并不是每个人都能不惑。

帮助他们寻找爱的能力,召唤爱的感觉,对他们来说是最要紧的事。在面对抑郁症群体时,要想办法"托"住他们的能量,先避免能量继续流失下坠,然后再慢慢帮他们将能量向上"托"起。

抑郁症案例:

求助者女性,25 岁,由丈夫陪同来到咨询室,夫妻二人看上去相敬如宾。按照我个人的咨询风格,我先让她做了两份线测评。下图是她的单线测评。

从单线测评上可以非常清晰地看到,画线人纸张为竖式摆放,线条走向为下行线,线条位于五格位和六格位之间,短小线形,起笔时有前回勾,运笔速度较慢,以介于顿笔与撩笔之间的

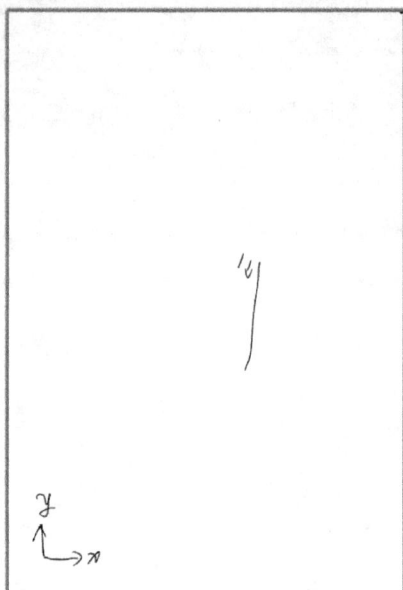

求助者的单线测评

方式收笔。说明求助者目前已出现明显的能量不足现象,更是无力处理人际关系,情绪低落,能量呈下降趋势。求助者不太自信,有自卑感,善思考,不排除同时还存在焦虑情绪。由此可推断,她的亲密关系里很可能存在缺少能量滋养的情况。现在我需要对求助者做更多信息的了解,先对求助者做抑郁状态的评估。所以我继续让她画了一副多线测评,如下图。

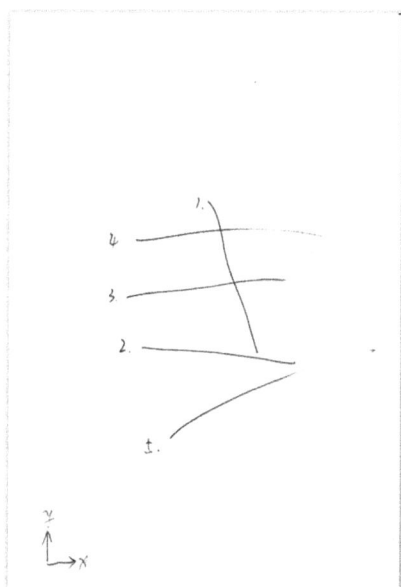

求助者的多线测评

从求助者的多线测评上看,她的纸张仍然是竖式摆放,五条线都为直线、居中,说明画线人有理性,仍然保留着社会功能。第一条线的走向是向下走,并与起笔处形成了超过70°向下倾斜的角度,线位置仍然在五格位靠后,接近六格位,收笔为顿笔。从她的绘线顺序来看,1、2两条线都是向下走向,但到了后面3条线,就开始有了向上走的变化,第3、4、5条线的收笔由下至上,带有一定的节奏感,每一条线都有着慢慢上扬的发展变化,第2、3、4线的落笔顺序更加明显。第5条线虽然画在最下面,但却是一条上扬线。这意味着画线人并不是一位严重的抑郁症求助者，她目前能量较低很可能与她近期太过疲劳或亲密关系质量不高有关。也就是说，可能与她的现实有关。

从线与线的关系上看，她的现实出现了矛盾，但就她本人而言，并不是一个喜欢冲突的人，这意味着，现实的矛盾冲突很可能就是造成她困扰的原因，这更加排除了她是一位长久能量缺失的重度抑郁症患者的可能。

从能量动力角度看她的线图，如果让她得到休息，得到亲密关系的适当关怀，化解现实冲突，就可能得到能量的提升，甚至会明显好转起来。她画的第 5 条线，笔速是最快的，是典型的上扬线，还带有一点收笔的下回勾。在线的末尾端由于运笔较快的原因，没能画上墨汁，出现了一段空白的笔痕，这意味着画线人对未来的期望值是有的，但并不自信，心中底气不足。

在问到她对未来期望的感受时，她承认自己对未来美好的期待是寄托在别人身上，而不是在自己身上。并且，她对这种寄托开始出现怀疑和不确定感，这也是让她能量变低的其中一个原因。从线线关系看，她的线出现接近十字的两次单线交叉，这说明她的生活应该存在至少两个或两个以上的现实冲突。这个事实在后面的咨询里也得到了证实。

随着现实问题得以解决，她回归生活，并在生活中获得情感的支持,抑郁状态也很快得到了缓解。

关于抑郁群体的线解析基本原理是,线条是由画线人内在能量动力推动绘制而成的,抑郁的、消极的、能量耗损时的线是呈下降态势的,也就是收笔要比起笔低,整体的线走向都是缓慢下坠的。人的思维速度与运笔速度往往也成正比,思维越快者,画线往往越快,思维越慢,笔速也越慢。因此,抑郁人群绘线的特点不仅呈下坠式,笔速也较慢。抑郁症群体的思维和行为都会较慢。

3.对抑郁群体的能量补充策略

目前,对抑郁症的治疗有两个不同的策略,分别是药物治疗和心理干预。以药物为主的治疗是外源能量的补充,而心理干预是内源能量的补充。能量动力的干预策略是不拘泥于某一种具体方式的,以补充整体的能量与能量平衡为目标。它要求内外能量同时补充,如加强运动、摄入营养、补充睡眠、改善生活环境等,同时还要改变心境状态。

抑郁可以分为主动抑郁和被动抑郁。主动抑郁是经历了很多创伤造成的。被动抑郁是能量没有连接的滋养,自然枯竭的结果。

主动抑郁需要修复创伤,修复能量通道。被动抑郁要重新发展与现实的连接。

　　在这里我们用补充能量的思路和方式来帮助抑郁症患者摆脱抑郁的折磨。

　　下面是以能量动力为基础给出的一些针对抑郁症的解决方式,供大家参考。

　　(1)高能量陪伴与回应

　　对于抑郁症群体来说,最有效的治疗方式就是深情与真爱。温柔的包容、无条件的支持、不离不弃的陪伴都是抑郁症患者的救命稻草。不仅如此,我们还可以在此基础之上给予他们高能量的回应。

　　通常,一个人是通过别人眼中的自己来做自我评价的,如果别人眼中的自己是好的、值得被爱的,被回应者就会相信自己是好的、是可爱的、是值得被喜欢且很有价值的,他们会变得更加自信。相反,如果别人眼中的自己总是糟糕的、不讨人喜欢的、让人厌烦的、没有价值的,自己就会被这类低能量信息弱化,他们就会相信别人眼中的那个糟糕的自己是真实的,于是变得越来越自卑,能量会被持续拉低,久而久之,就很容易陷入抑郁。

　　抑郁症人群长期得不到正面积极的回应,并不断地认同低能量的自我评价。因此,在他们的关系中,补充正面的、高能量的积极评价是很关键的。每当抑郁者的一条低能量的自我评价被高能量的评价取代时,他们就会对自己产生一种新的、积极的、好的认识,他们会更爱自己一些,他们的能量会得到相应提升,抑郁程度也会相对减轻。

与此同时,帮助他们积极地面对并解决问题也是非常重要的。在他们孤独困苦的时候,给予支持、信任和陪伴,其中信任他们的善良和看到他们的努力付出尤为重要,再帮助他们一起面对并解决困难,帮助他们渡过难关,这些都是能帮助他们走出抑郁的重要方式。

不过,在发现他们的优点并回应他们时,这种回应需要有足够的说服力,不是牵强刻意的讨好或为了附议而附议。由于他们长期接收负面信息,突然跳出一个人告诉他们,他们全身都是优点,都讨人喜欢,他们是不会相信的。所以,只有保持客观真实、有理有据,对他们来说才更有说服力,他们才愿意相信自己的好。

从能量上看,就是要用我们的能量紧紧"勾住"他们的能量,不让其陨落。我们需要帮助启动他们自身的能量,并使能量内外循环顺畅。

(2)探讨死亡

对于一位抑郁症患者来说,为他们的生命意义附加使命感是非常重要的,他们最关心的问题就是存在的价值和意义是什么。我们可以根据他们的具体情况与他们讨论这个话题,也可以谈谈自己的感受。

抑郁症人群的思维通道较狭窄且单一,现在我们要将他们的思维通道拓宽。例如,在同样的事情上,可以让他们看到一体多面,改变他们只有单一选项的思维模式,重新建立他们的信心和希望。每一个正性的思维方式,都会指向一个新的"希望"。这是解救抑郁症人群的特效"药",是提升能量的有效方式。抑郁症人群最需要的就是爱的补充,他们需要在充满"爱"的空间生活,爱就是他们最大的希望。事实显示,每位抑郁症患者原本的样子都是非常深情又善良的,也正因如此,他们对爱的滋养才会显得更加敏感且需求量很大。

(3)探讨爱

与抑郁症人群探讨"爱"这个话题是非常重要的,这是他们最敏感的伤痛之处。抑郁症群体是一群非常深情的人,他们对爱的要求更为细致。所以,在与他们讨论"爱"这个话题时,往往会唤起他们的很多情绪,他们会表现得冷漠,不对别人抱有更多的期待。但他们仍然会忠诚地保护着他们所爱之人,有时候连他们自己都不知道,那是潜意识为他们做出的选择。

他们需要被看到和被理解,如果能得到更多的理解和关注,这对他们来说,也是一种"疗愈"。

(4)补充光明

人越是抑郁就越需要光,然而,他们表现出来的却是很畏惧光。光是一种神奇的能量,它分两种,一种是太阳的物理光能量,另一种是心理的光能量。物理光能量比较容易理解,理论上讲,抑郁症患者要多晒太阳,在好天气时,抑郁程度可以得到一定缓解。

但事实往往是,抑郁症患者更畏惧阳光,他们喜欢待在幽暗的地方。如果直接把他们拉到大太阳底下,这会让他们感觉非常不舒服。因为他们沉浸在自己的悲伤情绪中,而与心理环境反差较大的阳光照射,会"打扰"他们待在悲伤情绪里的"准备"。

从能量动力的角度来看,待在幽暗的环境里,这种外源能量刚好与内心悲伤情绪的内源能量是一致的,所以他们并不喜欢能量高的外源环境。因此,我们在转变他们的外源环境时,要配合他们内源能量的环境同步改变,而不能直接将他们拉进具有很高外源能量的环境中,不能强迫,不能太过突兀。

具体的方式是内源能量为他们提升了多少光明,外源能量就为他们加多少光明。随着内外两种光明的同步提升,他们的抑郁就会慢慢好起来。消化不良情绪、建立信任关系都是重要的前提条件。

在这里我们需要进一步强调,面对抑郁症群体时,我们不要一上来就直接把太多力气花在帮他们解决现实困难上。帮助他们解决外源能量缺失,要配合内源能量同步进行。抑郁不同于焦虑,抑郁者对生命的理解要更深刻。所以我们要跟他们讨论有"阳光"的话题,在那里他们需要光明的"答案",而不是生活方式的好坏。"光明"的方向一定是他们喜欢的、认同的、让他们感觉舒服的。

(5)净化

其实,抑郁症患者有时候比很多人想象得要坚强,他们并不是畏惧生活中的苦而抑郁,而是因为找不到生活中的爱而抑郁。

让抑郁症患者的生活和爱都变得简单纯净,这对他们来说是非常重要的,他们是一群对爱的纯度要求更高的人。

抑郁症患者就像身上挂满石头却要负重前行的人,他们疲惫不堪,所以会显得慵懒,不爱动,或者闭门不出,不愿与人接触。然而,封闭自己对他们的抑郁状态并没有太多的好处。

对他们来说,需要为自己减负,将那些"挂"在身上的"杂质"都净化掉才能更轻松,才能不再继续消耗有限的能量。所以,他们更需要简单纯粹的生活。在外源能量上,他们不能有太多的压力,在内源能量上,可以暂时远离复杂的世事纷争,让关系变得更加简单纯粹,这会给他们休息和喘息的时间。

"净化"的内容,主要有两个方面:一方面是让人际关系中的爱更干净,让关系简单化。另一方面是尽量改善他们内在能量不足的情况,让他们内在的能量流动起来。那是一种简单、自由、宽松、活泼的状态,这种状态有时会造成人们出现暂时的退步,他们会表现得任性或幼稚,不过这只是暂时的,这个阶段我们要把他们当成孩子一样去爱,去包容,允许他们单纯地生活。可以陪着他们活在理想的世界中,暂且不拘泥是现实还是童话。能量得到净化和补充后,他们就能够得到能量恢复的机会。

（6）运动

运动是使外源能量流动起来带动内源能量的一种方式，是与内源能量相互配合的一种方式。

抑郁症患者就像没了电的电池，更像不工作的发电机。他们的内外能量都会停滞在那里不动，并会发生恶性循环：越是停滞不动，越是动不了。这种能量的透支消耗越多，他们就会变得越抑郁。

动起来对于抑郁症人群来说是个挑战，但却是个有效的干预方式。能量不足是抑郁症群体的最大特点，任何一点消耗对他们来说都会令其感到更加疲惫，停滞不动对于抑郁症患者来说是一种本能的自我保护，是遵循能量求简原则的本能反应。但对于抑郁症群体来说，这种能量求简是在能量负循环下产生的，因此是缺少建设性的，所以要扭转现实，主动地动起来，让他们的"发电机"工作，起码做到边消耗能量边生产能量，而不至于一直透支能量。

一提到运动，很多人就会想到剧烈运动。一开始就大幅度地运动，他们很难承受，也很难坚持，所以，为了避免在动的过程中过多地消耗能量，最好能启动抑郁症人群原本就有兴趣的爱好，让他们可以做自己喜欢的事，起码是他们不反感的事情。运动内容可以很宽泛，例如，从简单的散步开始，再根据他们的承受能力和接受能力，慢慢加量。

对抑郁症患者来说,能量的流动,无论是外源还是内源,都一样重要。流动起来的能量可以帮助他们打通自身的能量通道的。事实证明,有陪伴的动和让他们自己动的效果存在巨大差别,有人陪伴他们去跑步、散步、做事、讨论问题等,会更有效地激活他们的高能量,帮助他们战胜抑郁。

总结:我们每个人都是因为有能量才能活下来,而能量在人间就是"爱"。如果能量不足,人的自我存在感就会越来越弱。抑郁症患者因为生命中的某个时期,持续能量不足,也就是缺少爱的能量滋养,他们会出现抑郁情绪。大部分成年人的抑郁都是复发性抑郁,而并非原发性抑郁,也就是说,抑郁的产生往往是成年之前的生活经历造成的。

爱与被爱、创造力等都是滋养一个人的重要因素。因此,增加一个人爱自己、爱别人的能力,他就可以产生更多的行动能力和创造能力,让能量流动起来。这样不但可以有效预防抑郁,还能有效治疗抑郁。

二、焦虑症

1.焦虑症的症状

焦虑症是一种普遍的心理障碍,女性的发病率比男性要高。流行病学研究表明,城市有 4.1%～6.6%的人口受焦虑症困扰。

焦虑症的主要症状是焦虑和担心,这些焦虑和担心有些有明确原因,有些没有明确原因。我们将之称为外源性焦虑和内源性焦虑。

外源性焦虑:有明显现实原因的焦虑。比如,为家里的经济情况担忧。

内源性焦虑:无明显现实原因的焦虑,是一种找不到缘由的迷散性焦虑。

焦虑症的焦虑和担心通常会持续 6 个月以上,其具体症状包括:身体紧张、自主神经系统反应过强、对未来产生无名的担心、过分机警。这些症状可以单独出现,也可以一起出现。

身体紧张:焦虑症患者常常觉得自己不能放松下来,全身紧张,表现为面部绷紧、眉头紧皱、表情凝重、唉声叹气。

自主神经系统反应过强:焦虑症患者的交感和副交感神经系统常常超负荷工作。患者会出汗、眩晕、呼吸急促、心跳过速、身体发冷发热、手脚冰凉或发热、胃部难受、大小便过频、喉头有阻塞感。

对未来无名的担心:焦虑症患者总是为未来担心,他们担心自己的亲人、自己的财产、自己的健康。

过分机警:焦虑症患者每时每刻都对周围环境的细微动静充满警惕。由于他们一直处在警惕状态,因此影响他们干其他的工作,过分的思虑和紧张会严重影响他们的睡眠。

2.焦虑症的能量状态

用能量的视角来看焦虑,可以看到,所有焦虑状态下的能量都是破碎和涣散的。焦虑不像抑郁那样能量枯竭,而是大量的能量遭到严重的扰动,能量出现不聚焦的混乱状态。人的情绪情感是有能量的,人之所以会感到焦虑,是其内在恐惧情绪所致。人在恐惧状态下就会慌乱,这种被恐惧主导的情绪击碎了他们内在那些原本完整的能量,让能量变得支离破碎。

能量原本都应在各自的通道中有序地流动交互着,然而,被扰动后的能量七零八碎、乱闯乱撞。

从下图的能量状态中我们可以看到,焦虑症的能量是涣散的,是四分五裂的,他们缺少一个能量整合的完整状态。这些四分五裂的能量无论游离出本体多远,都依然牵着主体的精神。

患有焦虑症的人,自身的能量却非常破碎,就像一块被炸碎的石头,四分五裂,却依然扯不断与主体的连接,断断续续连接着,分离出去的任何一块小的能量,还是会牵一发而动全身。

相较于破碎的能量状态,完整的能量当然是更好掌控的。那些四分五裂的能量就像脱离了自身轨道一样,会造成能量关系的混乱和失控,这也让焦虑症患者感到十分痛苦。

我们可以在焦虑症群体身上看到他们的一些共同特质,其中最为典型的就是控制欲。控制是因为怕失控,失控会让他们

生

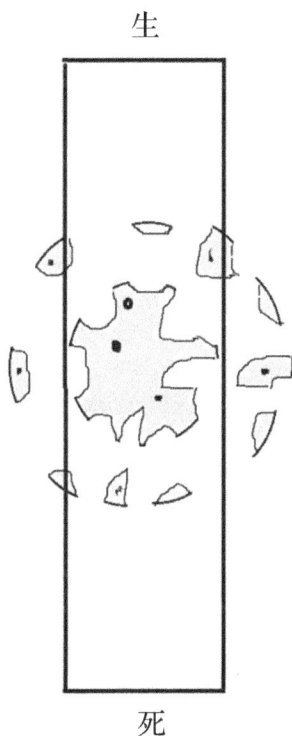

死

焦虑症的能量状态

失去安全感。从能量状态的角度来看,他们有这种反应是正常合理的。就像我们的身体,控制自己是非常自然和理所当然的事,对一个健康者来说,这是可以做到的。可是当我们的手脚变得不受控制,甚至分不清是手还是脚,必然会做出提高掌控的反应。

　　这也是焦虑症患者会一直处于紧张和疲劳状态的原因。想要帮助焦虑症群体,就需要帮助他们整合能量,将四分五裂的涣散能量重新聚拢起来,让能量碎片回归完整独立的能量体,这样焦虑就会得到解决。

焦虑者擅长计算和分析,这是他们的防御模式。其实单纯地计算和分析,进而做出控制行为,这属于外源性焦虑,他们起码知道要在哪里发力。而内源焦虑比外源焦虑更麻烦,他们难以将担心的目标聚焦,这会让他们更加恐慌,担心就像幽灵一样无处不在,弥散在四周。容易产生焦虑的人,往往都难以从心底信任别人,也就是无法将自己完全交给别人,所以亲密关系的质量也不高。

3.对焦虑症的能量分析

从能量动力的视角看,如果可以解决安全感问题,就能解决焦虑症患者的问题。

焦虑症患者内心缺少安全感,这会让他们急切地想抓住救命稻草,控制就是"抓"的体现。当他们抓不到也抓不住时,就会耐心不足,就像越是睡不着越想快点睡去,可越着急就越睡不着,让人心烦意乱。心里的恐慌感一直在无声地催促他们,仿佛一切都要来不及了。

所以他们会想尽办法对自己以及身边的人加以控制,其目的就是寻找安全感,他们会带有一定节奏和规律地进行控制,以此来减轻自己的担忧,这便是强迫症的雏形。然而,他们内在的安全感如果得不到提升,这种浮于表面的控制是根本不可能缓解焦虑的。

焦虑症患者最大的问题是内心的不安全感,可是这种不安全感是从哪来的呢? 什么样的人才会有如此多的恐惧呢? 试着将一位成年人和一个孩子相比,谁的胆子会更大些? 一般都是成年人。当内心的感受是孩子状态时,就会有更多的恐慌。因为他们认为自己能力不足,驾驭不了生活的诸多事务,认为很多人或事会伤害自己。哪怕他们已经长大,只要内在的自我感觉得不到滋养,就会停留在孩子状态,对外界充满戒备,依然感到焦虑。所以,焦虑症几乎都与童年安全感缺失有关。他们往往内心分外敏感,害怕痛苦。

我们需要帮助他们与自己的内在感受连接,让他们重新感受自己的内部能量,梳理能量的边界,提升自身内源能量的独立性和完整性。这涉及人格的成长。焦虑症群体就像还没长大的孩子,却被丢进了成人的世界。他们在这个陌生的成人世界中,虽然可以学会做事,甚至拥有很强大的社会功能,可他们依然无法做到与人形成高质量的情感连接。因为他们很难信任他人,他们的内心会感到害怕和失控。

焦虑症求助者通常自我都较弱小,他们对自己的认知既少又模糊,他们之中很少有人知道自己真正需要的是什么,他们的能量往往都放在别人身上,替别人达成目标。善良也是他们的一大特点,他们不喜欢伤害别人,所以付出看上去有时候像在讨好别人。对别人付出比对自己付出多,这也是焦虑症患者常见的关系模式。看上去,他们更爱别人,也更照顾别人的感受,却容易忽视自己的真实需求和感受。其后果是,他们的各种情绪能量都没有被充分地安置在自己的能量通道。由于焦虑者的许多能量情绪都找不到自己的通道,越积越多,这让他们感到压抑,甚至出现躯体化症状。被压抑的能量会让他们耐受力变小,耐心越来越少,能量四处乱涌,人也就会变得更加急躁不安。

4.焦虑症的能量补充策略

一个人的边界分为有形边界和无形边界。有形边界是指物质边界,也就是外源能量的边界;无形边界指精神情感边界,也就是内源能量的边界。

外源能量:在物质上,要尽量分清楚,什么是你的,什么是我的。如,这篮苹果是你的,那篮橘子是我的。既然苹果是你的,我就不能随意抢夺占有你的苹果,如果我实在想吃你手里的苹果,我可以拿我手里的橘子试着与你进行等价交换。这是物质能量的平衡。

内源能量:在精神情感上,也就是内源能量的边界上,也要分清楚,什么是你的权利和自由,什么是我的权利和自由。

我们不能强制别人喜欢或不喜欢什么,同时,你喜欢什么或不喜欢什么与我无关,而我喜欢或不喜欢什么也与你无关。这是人与人之间的平等和尊重。

那些感受是你的,这些感受是我的。你的感受是你的,我的感受是我的,我们谁也不能替代谁去感受这个世界,我们要尊重每个人各自的感受,感受没有对错。我们只能对自己的感受有发言权,而对别人的感受没有发言权。

哪些责任是需要你来承担的?哪些责任是需要我来承担的?每个人都需要为自己的需求承担责任,别人的帮助也都是要偿还的,只有这样能量才能得到平衡。如,一个孩子不小心打翻了水杯,水流到了桌子上,这时我们要做的是教他把桌子上的水处理干净,而不是替他处理或对他吼叫。因为对一个孩子来说,拿毛巾擦掉水渍这种简单动作,他是完全可以胜任的。这是让他学着为自己的行为负责,有助于人格成长,树立边界。

焦虑症患者需要提升边界意识,要让他们知道每个人的权利和义务是什么,属于自己的不能推卸,同时也要把别人需要承担的责任还给别人,而不是替别人去承担责任。

搞清这些问题,能量就不会混乱,也不会侵犯到别人,或者被别人侵犯。综合起来看,焦虑症患者的主要能量表现为能量规律被破坏了,也被打乱了。如果想让一个焦虑症患者的症状消失,能量的进与出就需要符合能量流动的秩序与平衡。就像人体的新陈代谢一样,需要良性循环。

　　能量也同样有这样一套清晰有序的代谢循环过程,内源能量的因果需要在各自的能量通道上形成良性循环系统。

　　下面我们来看一个焦虑型求助者的案例。

　　为了对她有更多了解,我先让她画了一幅线图,如下图。

焦虑型求助线图 1

　　这幅线图横式摆放,属于长大线,一笔完成,线中的能量缠绕在一起,彼此交错,并且出现多个连续大漩涡线,可见画线人每天会思考很多事情,并且非常渴望关系的连接。她是个心思很重的人,敏感却又极其理性。她的线属于典型的焦虑线。线条混乱,没有明确聚焦,这意味着她有内源性焦虑,听从理性支配。所以我们可以从她的理性认知入手,聚焦能量,寻找发力点。

　　焦虑症患者在线图测评中的体现是非常直观的,他们的线图以混乱线为主要特征。所谓混乱线就是缺少规律性、严谨性和逻辑性的线条组合,可以是一条线有多个交叉或打结,也可以是多条线的错乱组合。线条是人们内在能量在纸面上的投射。焦虑症患者的能量特点是混乱且分散的,所以他们投射到纸面上的线条形态也是混乱的。这种混乱中包含的情绪往往是停不下来的燥乱感。

　　当人格更加独立,边界意识也有所提升时,就会有更多的安全感,控制欲也逐渐恢复正常人水平。

　　经过了近 20 小时的谈话后,我又重新让她画了一幅线图,如下图所示。

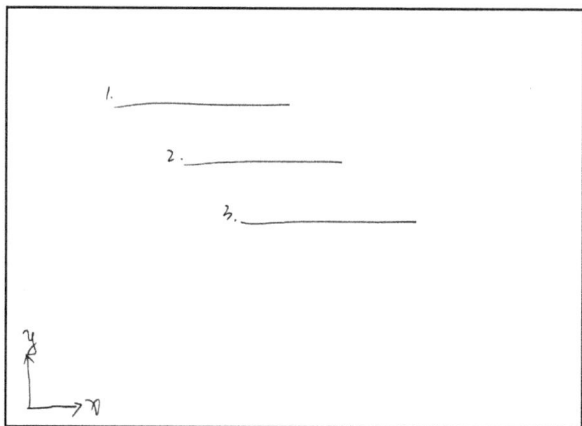

焦虑型求助者线图 2

在这幅线图中可以看到,她的焦虑值明显降低了许多,她仍然保持着理性状态,能量已经有了聚焦。从这幅线图中可以清晰地看到,她从焦虑不安到内心平静的变化。

改善焦虑最大的难题就是让他们与人建立深刻的连接,让能量在彼此的心田间流动,让他们有足够的能量资本与他人进行平衡的交互流动,让关系的滋养随时都能发生,让他们可以积极处理问题,主动出击,让关系变得更安全、更舒适,而不再被动承受伤害。

三、强迫症

1.强迫症的症状

强迫症的表现主要有两类,分别是强迫思维和强迫行为。

强迫思维是指患者会出现一些明知道与现实情况不相符的念头。他们也不喜欢这些念头,但是控制不住,这些念头反复地出现在思维之中。他们越是想控制那些念头,越是无法控制。

强迫行为是指患者明知道那些是重复性的、毫无意义的行为,却没有办法让自己停止下来,如已经做好的事情却因不放心而反复检查,我们将之称为强迫行为。

强迫思维和行为都让患者饱受冲突之苦,一边强迫,一边反强迫,就像两个打架的自己,这让他们十分疲惫,但他们不能控制自己,只能重复。

2.强迫症的能量状态

强迫症本身是对自己的一种巨大压抑,与此同时,又是将部分能量阻断的结果,其中最明显的就有自我感觉和部分创伤记忆的阻断。就像将自己的感觉用竖起的高高围墙挡在墙外,而自己却在墙内。墙外面的那些记忆和感觉是有能量的,那些能量里有着创伤或遗憾,需要修复。可是与那些感觉断开的他们,没有能力直接对自己进行修复或能量补充了,他们就像被某种无形的力量驱使着,来来回回重复做着他们自己也难以理解的事。重复的行为或思维其实为了寻找能量出口,寻求内外一致的能量连接。就像一个感觉很饿的人,他们会本能地找"食物"吃一样,他们面对两大问题,一个问题是就算找到了能量,也不知道该在哪里补;另一个问题是他们已经被隔离在"城墙"的另一端,能量送不出去。强迫思维和行为不断"撞击"着"城墙",要打开一个出口,将能量送出城外。只要能量通道不被修通,他们就不会停止强迫思维和强迫行为。这也是我们不容易根治强迫症的原因,能量通道没有连接上被隔离的能量,并未真正实现能量的补充和修复。即便暂时让一种强迫症状消失,也会再次出现新的强迫症状。只要内在的深层能量得不到修复和滋养,"症状"就会来来回回撞击着被隔离的城墙,重复着一些具体的思维或行为。

生

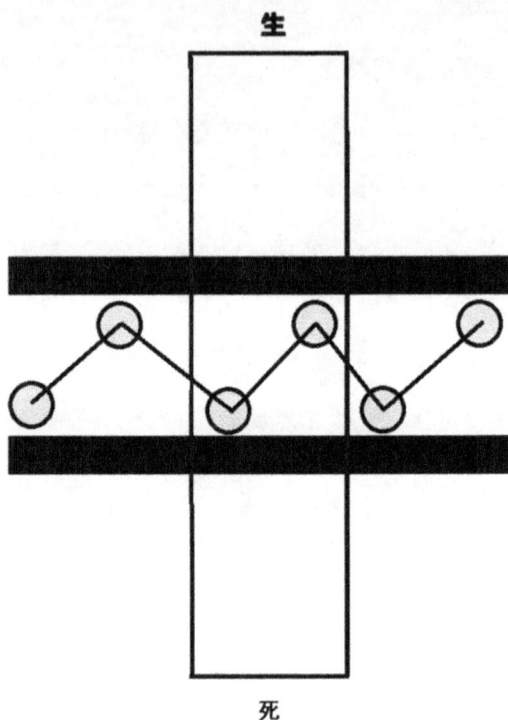

死

强迫症的能量状态

　　强迫症是一种高控制的状态，在这种状态下，人们的创造力会变弱，他们需要调动大量的能量进行重复动作，这让他们在其他领域显得力不从心。他们的能量之所以会在厚厚的壁垒内来回重复，是他们感觉到壁垒外面的世界太危险，改变的力量还不够。他们的内心充斥着恐惧，所以一直在城墙内兜兜转转，这也是他们的一种自我保护手段。他们是很矛盾的，一方面想出去，另一方面又不敢出去。

这通常与他们早年的情感创伤有关系,要想打破这种局面,就要先打破那道阻碍能量流淌的壁垒。拆除厚厚的壁垒,强迫症患者才能重新感知自己更多的感受,这时候再对能量通道进行修复,强迫症就会减弱。与此同时,他们的焦虑可能会加重,因为强迫症是焦虑症的升级,在恢复的过程里,可能还会再次经过焦虑这个地带。

我们可以在上图强迫症的能量状态图中看到,每一个圆球代表一个活跃的能量,它们有规律、机械地来回弹动。在这个能量球的两边都有一道厚厚的壁垒,将能量球挡住了,限制着能量球的流动。能量球就像不断碰壁的弹力球,来来回回重复着相同的动作。

强迫症将痛苦感受与自己断开,主要临床表现是患者只感受到外界,却不与自己的能量发生连接,中间的隔离是防御,他们的能量只在某一个狭小区域中做着重复简单的流动。

3. 对强迫症的能量分析

强迫症是焦虑症的升级,能量更低,防御层也更厚,所以强迫症患者的情感连接能力更弱。越严重的强迫症,往往表现得越理性,他们的理性超过焦虑症患者,他们对自己情绪的感受能力非常弱,甚至完全感知不到自己的某一部分情感。

强迫症患者的背后有恐惧和焦虑,这些感受让人如此痛苦,无法承受,才会启动防御之门,将痛苦隔离开。他们的潜意识认为,只有将这些痛苦的感觉隔离开,才能更舒服。

所以,强迫症患者本身是在回避痛苦的,强迫症就是他们防御的代价。然而矛盾也出在这里,一方面,因为恐惧再次遭遇痛苦而选择隔断;另一方面,执着地想要连接,内在的强烈冲突会造成他们的强迫与反强迫。他们会被两种力量撕扯得筋疲力尽,这也是造成他们痛苦的最大原因。

这些被隔断的能量是非常执着的,当遇到控制和打压时,它们就会变成另外一种新的强迫症状,继续反复。

这些被积压下来的能量会随机地根据强迫症本人现实里的一些相关刺激,形成强迫症状,那些需要得到修复和滋养的能量会临时寄居在这些地方,与反强迫的力量做斗争,两股力量进行着对抗:一个要压抑,一个要释放;一个要连接,一个要逃离……

人们如果只是处于情感隔断的状态,单纯地强迫,就不会感觉痛苦,即便是行为和思维也有着明显的强迫,那也不能称为强迫症。只有当他们开始对自己的强迫进行反强迫时,痛苦才开始产生,这时才算得上真正的强迫症。

要让情感感受与理性认知连接起来,还要帮助他们将自我关系和客体关系之间的能量重新连接起来。具体的工作重点是先找到恐惧,再想办法消除它,重建安全与信任的感受和能力。

4. 强迫症的能量补充策略

要想彻底治好强迫症，就必须化解强迫症患者内在那些被隔断掉的情绪感受，其中最多的是恐惧感，我们要对这些情绪能量进行消化和处理。

要帮助他们重新连接自己的真实感受，这对他们来说是个巨大的挑战。然后才是消化这些能量，强迫症的症状会随着能量堵塞问题的解决而好转。

强迫症的能量补充与焦虑症是很接近的，只是强迫症的能量补充需要一个前提，就是让强迫症患者在能量上先获得连接，然后再处理能量卡点。

下面是从能量动力视角给出解决强迫症的三个步骤。

第一步，让强迫症患者与自己早年被隔断的感受重新连接起来。

具体操作是让强迫症患者获得内心真正的安全感。在与他们进行情感连接的初期，会感觉他们就像泥鳅，抓不住，也无法靠近，他们情感的接收能力大部分处于屏蔽状态。所以，只是一味地对他们表示友好、温柔可亲，会让他们更加怀疑，因为他们并不相信会有如此友善的人，这种关系对他们来说是陌生的。他们的经验让他们对温情充满怀疑和攻击性，所以对待强迫症患者要恩威并施，要与他们的情绪产生"纠缠"式连接，这样可以更容易接近他们的内源能量,获取他们的信任。当然,这种表达的力度不能太过激烈。

比如,在向他们表达完一个愤怒之后,可以抓住机会向他们表达善意和友爱,这也是在为他们的创伤关系开启一种积极的新模式。但这个时间并不会持续很久,他们很快就会恢复常态——理性且防御性强。因此,我们要做这一步工作,就需要与他们在情感中大量反复地磨合,这是十分艰难的过程。

第二步,处理他们反复的情绪。

治愈强迫症患者是非常消耗咨询师能量的,与他们建立咨访关系需要强大的人格基础和边界意识,否则很容易受到挫败。因为恐惧感让他们如惊弓之鸟,十分敏感,有一丁点风吹草动,都会迅速将自己包裹起来,让你无法再触碰到他们。这时,他们的强迫症状本身开始减弱转换成与亲密关系之间的强迫性重复。也就是说,他们会用关系的远与近、好与坏的反复取代强迫症状本身。因此,在对他们做心理干预时,需要拿出大量的耐心,让他们感受安全、真实和稳定。

在刚与断开的能量连接起来后,很多人都会出现巨大的不适感,恐慌、愤怒,委屈等各种各样的情绪被一同激活并被感知到。这会让他们产生很多焦虑的情绪,在这时就需要像对待焦虑症患者那样去帮助他们梳理并消化焦虑情绪。在这个阶段,他们可能会误以为自己的问题怎么比之前严重了。我们有必要向他们解释缘由,这不但不是加重了,反而是在好转的路上,那些不舒服其实一直都在,只是之前断开了连接,感觉不到了,正是那些被忽视的不舒服转化成了强迫症状。不过我们也要承认他们在这个过程中的不舒服,要给予他们更大的支持和鼓励,帮助他们度过这个阶段。

第三步,强化能量内外循环的健康模式,巩固内在的能量发动机。

到了这一步,也就到了好转的时刻。前面所做的一切,都是为了可以让他们建立内外源能量健康的循环模式。建立两种健康模式的能量循环,关键在于落实,也就是说,强化内外能量的良性循环,一定要有具体的操作行为。

总结:能量的有序循环是身心健康的基础,内源能量的内循环遵循着自己的内在需求,内源能量的外循环是自己与别人之间的能量有序循环。这恰恰是强迫症群体要打通的两个能量循环系统,这是人格独立的过程,只要这两个能量的循环系统被打通,能量可以流动起来,人们就能受到爱的滋养,能量就会提升起来。

第八章

能量动力理论实操指南

一、能量动力实操技术

在具体的技术应用中,有贴、托、通、引等不同层面。

1. 贴——贴住感觉

了解对方的能量状态并与对方的能量连接。

"贴"的感觉是"我们在一起"。这种感觉对方是可以感受到的,我与你在一起,其实是我的能量与你的能量连接到了一起。关系中,"贴"缩短的是两个人内源能量的距离。哪怕我们相隔万里,依然像在眼前一样亲近。两人的心是贴在一起的,是现实距离拆分不开的。

"贴"就是如此"深情",去"贴"紧对方的心。

在初次访谈中,对咨询师而言,我们要做的第一件事就是先了解对方的状态并与对方进行能量连接。也就是"贴"。

深陷痛苦之中的人,通常都是自己走进了没有光的盲区,这时如果我们在他们的黑暗世界中点亮一盏灯,就会让人看清自己的处境和前面的路。

那么,要如何变成对方心中的那一盏明灯?只有当我们"看到"(感受)对方时,他们才能看到在他们生命中出现的我们。而这个"看"字,是看到或感受到他们的真实状态,并将之提炼出来,在他们面前呈现我们所看到的他们。当一个人在黑暗中看到想要的光明与希望,就会增加信心,美好与幸福是每个人都喜欢的,在光明中希望才会出现。这时,他们会自己靠过来,放下防御,与我们连接。

当然,并不是所有人都能这样容易就被我们贴住,需要他们自己也有一定的内驱力。往往越是不了解自己的人,越不容易被光明和智慧吸引,防御会更加厚重,因为不清楚什么是自己最需要的。即便把最有用的东西摆在他们面前,他们也会无动于衷。但这并不代表他们不需要,他们就像一条抓不住的泥鳅,让人追不到、贴不上。这与他们内心受到伤害的程度成正比。

"看到"一个人真实的内在世界,是破除防御的关键,只要他们能被看到,就更容易连接,因为越是无助的内心越渴望被帮助。

关于具体如何去"贴",我们按照人们的不同状态逐一说明。

(1)贴理性

想要贴住一个人的理性需要注意两点,第一点是要倾听并接纳他们的认知,第二点是听懂并进入他们的理性认知讨论中。之前他们可能是独自一人思考,现在我们与他们一起进行思辨,有思想互动,并保证一直在他们的思想认知中。在贴理性这个初始阶段,我们先不去过多发表或植入自己的思想认知,而是跟随他们的思想,不否定、不评论,引导他们做更多的表达,倾听他们的心声。

(2)贴情绪

"贴"情绪的方法就是让对方知道我们能与他们感同身受,能理解他们的感受,如内心的压抑、委屈或愤怒等感觉。同时让他们感受到,我们是承认并接纳他们情绪的。我们也充分尊重他们的不舒服,不否定他们的感受,哪怕这些感受被他们夸大了,也暂时不拆穿。

(3)贴感觉

所谓"贴",并不是真的把我们的身体贴过去,而是读懂并理解对方的感受。身体"语言"会流露出很多他们的感觉,把这些诠释出来,让他们自己也能更清晰地认识到他们身体正在"说"的话。

我们的观察和回应要落在对方的身体感觉上面,甚至我们要用自己的身体感觉去感知对方的身体感觉。那是一种身体能量同频的状态。

(4)贴理想

"贴"理想这个层面,意思是与精神感受连接,这是一层更具灵性的深入连接,它会直接触碰一个人更深处的爱。在这个层面,可以做到对信仰和使命感的提升。这是对能量内循环的扰动过程,需要更深厚的感知能力与哲学功底,才能"贴"近一个人的精神理想层。

在关系中,能量往往会被卡在前面几层,尤其是卡在理性层最多,无法流进理想这个层级。想要"贴"近这个层级就得结合感知与情怀,每个人的情怀都是独一无二的,是更具个性的自我状态。

(5)贴灵性

想要"贴"近灵性是最深也是最难的,这要求"贴"近别人的人本身就具有极高的灵性,他们熟知灵性是什么,这种层级的连接可称得上一种人生的高峰体验。

并不是每个人的能量都能达到灵性这个层级的觉醒深度,人的大部分能量都集中在第一层和第二层,也就是理性层和情绪层。

我们常常用只可意会不可言传的说法来形容这种感觉。"贴"灵性层是一种令人深深感动的连接,是一种心领神会,是不可言说的彼此懂得,是没有太多解释就会产生的坚定和信任的关系,是关系模式中最高质量的连接。

在这个层级上,"贴"是一种干净而纯粹、深深"看到"与如此懂得的相遇,是真切的"我与你在一起"的喜悦和感动。这种"贴"是更高质量的陪伴,是难以复制的我与你灵魂间的融合,是与你更契合的同在,是关系中彼此感受的全然畅通,没有任何防御或阻抗。

总结:"贴"是一种无条件"站队"的姿态,让你感受到我真的与你"在一起"。

2.托——托住能量

在能量动力理论体系里,我们真正要"托"住的是不让一个人的能量继续往下掉,然后再向上托起。想"托"住一个人的能量的核心在于,要托住一个人的自恋感。只要一个人的自恋感被托住了,那他的能量就不会继续往下掉。"托"有两个层面,第一个层面"托"的是人的自恋,也就是"托"人。第二个层面是"托"事,即通过托住具体事件来帮助提升能量。

第一层:"托"人的自恋

(1)如何托理性?

人与人的关系,大部分都在理性层面,想要在理性层面"托"住对方的能量,就需要做到不直接反驳对方的观点,而是用心倾听。这是对一个人的尊重,尊重是为了保护对方的自恋感。而这最大的好处就是,对方会更愿意对我们敞开自己,接收能量,这也是有效降低对方防御的方式。

我们需要先澄清一件事,不反驳,认真倾听,并不代表我们就认同对方所有的想法。反驳很容易让关系"翻车",我们要做的是帮助对方,所以就要先允许他们表达自己,我们要耐心、认真地先听他们把话说完,不批评,不指责,允许他们这些思想的存在。这时,关系才会更安全、更开放,这是为后面做干预的重要前提。

(2)如何托情绪?

"托"情绪也需要不对抗、不反驳、尊重对方的情绪存在,不仅如此,我们还要适时地进行情绪的积极解释。能量动力理论认为,一个人如果过多地沉浸在自己悲伤的低能量情绪中,就很容易陷进去出不来,所以当对方表达完情绪后,要给予积极反馈,让他们感受到,无论事情糟糕到了何种程度,情绪糟糕到了何种程度,都有峰回路转的机会,而不是会一直糟糕下去。所谓托住情绪,指的就是不让情绪继续向下坠落,而是开始回暖。在"托"情绪这层,我们可以积极地回应,不只是默默倾听。情绪层的"托"是更加主动的参与,为他们带去希望。我们需要时刻提醒自己,要"托"住他们的价值,包括情绪本身所带来的价值。

很多亲密关系是"托"不住对方情绪的。例如,对方一哭就感觉反感,或失去耐心而指责对方,说出"好烦人"之类的话;对方情绪变剧烈时,自己也跟着一起激动起来,像两个火药桶,同时被点燃,同时炸裂,互相伤害,这些都是没有"托"住对方情绪的表现。所以,对负面情绪保持耐心,同时积极回应,让他们看到希望,才能让负面情绪逐渐消失。

（3）如何托身体感觉？

当一个人对我们述说他身体的不适感时，不能一味地去认同他们的感觉。而是要积极地为他们做出具有建设性的回应，让他们感觉自己的身体正在与我们对话，向我们发送信号，这本身就是积极的。

如果在身体感觉层"托"不住，对方就很容易掉进"病秧子"的能量漩涡里，所以，我们需要先"托"住他们对自己身体的爱。

在托身体层面时，我们需要注意，对方真正的需求是什么。所以我们要先明确这个"更好"的自己是如何设定的，他们的思路是怎样的。身体背后的动机若不合理，就要先穿透身体去调整背后的认知，再回归身体层，由深至浅解决能量卡点。

（4）如何托精神理想？

"托"永远都是一个向着更高能量提升的力量，而不仅仅只是不让能量向更低的方向坠落。"托"精神理想更多的是对他们精神世界的一种支持。在这里，"托"精神理想并不是盲目、无底线地托，而是"通"和"引"一起进行，要对不合理的精神理想进行矫正，抓住他们精神理想中的闪光点，进行友善温柔的强化，甚至用一些别人的故事旁敲侧击。在整个过程里，始终都要保护好对方的自恋感，肯定他们精神理想中值得肯定的部分，无论是具体内容还是对这些内容的坚信，都是可以被看到的闪光点。

（5）如何托灵性？

因为不是每个人都能达到灵性层，所以这一层的工作更像碰运气，一旦遇见了能达到灵性层级能量的人，如果前面"贴"上了，那便不需要后面的"托""通""引"。只要尊重它的存在，不进行否定和打压就可以了。

总结：当一个人出现了不舒服的感觉时，无论是哪个层面的不舒服，我们都要先放下具体事件的因果关系，托住他们的能量，使其不再继续向下坠落。

"托"分为两种："托"人与"托"事件。前面五个层级都是在托人，现在我们来看如何"托"事件。

"托"事件是"托"事件中的目标，明确事件发展方向。能量正循环是高能量的状态，所以我们要帮助对方清晰问题本身，并树立问题的解决目标，让能量正循环流动。"托"是"贴""托""通""引"这一套"拳法"中的一个重要转折，也是必不可少的环节。

确定目标，是提升动力的关键。

有了明确的方向，后面的路才能更加顺利地走下去。确立目标的过程，是由简入繁，也就是先确立简单明确的大目标，然后再分析问题、解决问题。

能量动力理论会从能量内、外循环的卡点去看问题。比如说，一个人的痛苦是外源能量不畅造成的还是内源能量不畅造成的？先找到能量卡点,然后就到了"托"的关键——一步步明确解决方案。有了这一步,我们才能进行下一步的能量修通工作。

在这一环节中,我们最重要的任务就是"托"住事件发展的规律,并设定清晰的方向,不断深入细化,嵌入现实生活,根据现实条件灵活地设定更具可行性的发展计划。

接下来的路便是不断地打通能量卡点,进一步提升能量,与此同时,智慧与格局都会被慢慢打开。

3.通——修通能量通道

到了"通"这一步,也就到了心理问题的干预阶段,前面所有工作,都是为此刻打基础。

有人会问,不做前面两步"贴"和"托",直接"通"行不行呢?在关系中,的确不是刻板的,因人而异,如果我们能直接获得深度的彼此信任,并对问题有着清晰的把握,是可以更快进行到"通"这一步。

在跷跷板理论里,我们对"通"做过解释,从总体思路上来说,打通的是低能量区通往高能量区的卡点。

能量动力理论中的"通"就如治疗过程的"手术"阶段,我们要通过去除一切阻挡能量流动的障碍来实现能量的畅通流动。我们会在一个人不同的能量层级和状态下实现四种"通",分别是:通智、通情、通势和通爱。我们仍然在五个层次的不同深度实现"通"。

(1)如何通理性?

"通"理性的过程是矫正认知的过程,一般面对成年人,这个层面的通智和通势都是比较好做的,只要把前因后果讲清楚,他们就知道问题出在哪里。我们先来说一下,在理性层,什么是通智、通势。

通智:我们要帮助他们发现和调动自身的智慧,并发掘他们的潜能,这会提升他们的自恋感。我们还需要通过他们的志向,打通他们最需要的和最想去的方向。

通势:势指的是招式,是技术方法,我们需要学习并掌握可操作的招式、技巧来应对生活中的具体困难。

"通"用在成年人身上,往往可以单刀直入,效果立竿见影,可面对未成年人,"通"智、"通"势就不能直入。因为他们很难吸收,这与他们的社会阅历不足有关,直接公布一个像"公式"一样的法则或结果,对他们帮助不会很大。在面对这类人群时,我们可以用"讲故事"或让他们参与的方式,让他们产生更多的现实感,让他们在切身体会中理解智。

(2)如何通情?

通情指的是通情绪,而情绪包括两个层面,一个是当下产生的情绪,一个是我们身体里积压下来的情绪。

负面情绪是一种会伤害身心健康的低能量,也可以将其称为垃圾能量。在前两个环节里,我们分别做了"贴"和"托"的工作,到这里,对方已经信任我们了。

在面对情绪时,我们需要先通当下的情绪,再通以往累积下来的情绪。

通当下的情绪,可以直面问题并解决问题。

通累积的情绪,往往没有那么容易,当下情绪的因果更为清晰。而累积的情绪里有早年若干事件的情绪压抑,甚至很多积累的情绪已经开始泛化,并且是弥散性的,找不到缘由。

通累积的情绪,一般有两种方式,一种是追溯早年造成情绪堵塞的原因,去修复它们,解决掉遗留的问题。另一种方式针对的是找不到也说不清情绪能量的因果来源,这时我们可以站在更大的格局里,从情绪中抽离出来,直接用更高的能量修通早年的情绪卡点。

例如,"心中总是弥散着一种恐惧和不甘的情绪,可惜我们已经找不到积压这些情绪的具体原因了,不过没关系,即便找不到缘由,我们的目的也没有改变,那就是,我们要变得比之前更加幸福"。这时候当事人就开始从这些弥散的情绪中抽离,聚焦解决方案,如,你觉得什么可以让你变得更幸福呢?如何做会对你更有利?

总之,所有修通方式都离不开现实中具有建设性的行为。

（3）如何通身体感觉？

"通"身体感觉就涉及了通爱。我们需要把埋藏很深的感受挖掘到认知层面，让问题变得更清晰，找到究竟是内源能量出了问题还是外源能量出了问题。

"通"身体的感觉分为"通"外源能量的身体感觉和"通"内源能量的身体感觉两方面。通外源能量的身体感觉，就是学会更好地照顾自己的身体。通内源能量的身体感觉，体现的是对自我有更高的理解或认同。

"通"外源能量的身体感觉，指的是内在的气通。一个人气血畅通，身体各项功能的循环就会畅通，人的身体就是健康舒服的，相反，一旦出现能量堵塞，就会造成各种身体的损伤。

"通"内源能量的身体感觉，是心理学范畴更擅长的内容。内源能量造成的身体痛苦，大多源于情绪能量留在身体内，没能及时清理出去，时间太久造成心因性躯体化症状。

情绪能量本身就是低能量的、带有"杂质"的浑浊能量，这些能量中的"杂质"在身体太久，清理不掉，就会慢慢侵入肉身。情绪压抑会让身体的能量堵塞，情绪上的清理要更复杂一些。

我们可以通过前面的"贴"和"托"来读懂并理解他们身体的不适感，人们将身体感觉层面"托"至理性，让之前的束手无策、绝望无助变成有选择的积极应对。这需要帮助他们清理掉压抑在身体里的情绪能量。这个过程是需要反复进行的，与此同时，还要打碎他们那套不断制造垃圾情绪的思维和行为模式,再重新塑造一套更健康、更高能量的思维模式和行为模式。

如果个人领悟力更高,也更愿意积极改变的话,这个过程就会被极大地缩短。所以,最重要的是事在人为。

(4)如何通精神理想?

通精神理想也是在通爱,而且是通一个人的大爱。精神理想是更为抽象和理想化的,在这个层面,我们要"通"一个人的大爱之心。

"通"爱指修通两个能量的爱之循环,一个是爱自己的能量内循环,一个是爱他人的能量外循环。

总体来讲,就是要唤醒他们自身爱的能力,让他们看到自己的善良与慈悲。我们要揭开压抑他们爱的障碍,那些障碍可能是认知上的曲解,也可能是感受上的隔离,或者是对方能量接收和回馈出现了问题,这些都是我们需要打通的能量卡点。

树立清晰的边界意识,打造独立的人格也很重要。让当事人明白,自己正在付出的爱是自己的事,这与能否得到回报并没有必然的因果关系。

(5)如何通灵性?

灵性层面是最深的一层,是站在生与死交界线上才能触碰到的。因此,想要修通灵性这个层次,就一定避免不了谈论死亡这个话题。需要思考活着的意义,何为生?何为死?如果无法修通对死亡的理解,无法与死亡和解,就达不到灵性的层级。

总结:"通"能量的卡点,即帮助理顺能量循环。能量动力理论是以能量提升为目的的,能量的提升就要求能量必须流动起来,能量的畅通会带来能量的融合,所有发生的事件、人物、地点都不能阻碍能量的畅通流动。能量会依附现实事件和人物关系流动循环,我们要做的就是不断修通在此过程中遇到的能量卡点。

我们重新回到具体事件来看,事件一般都有两个重要功能,一个是通过具体事件找到求助者的情绪。如,这件事让对方有什么感觉?先去寻找能量卡点。情绪的能量卡点处往往有重要的信息,那里就是一个人的情绪拐点。另外一个功能是,所有的具体事件都是能量提升的桥梁和润滑剂。如,在这件事情上,求助者会有哪些思考?求助者需要提供给咨询师更具体的信息。

4.引——智慧与爱

(1)如何引理性?

在理性层,可以通过浓缩的典故"引"认知的深度。

(2)如何引情绪?

在情绪感觉层,可以通过创造氛围的方式扰动情绪,然后再解读并消化低能量情绪。

（3）如何引身体感觉？

在身体感觉层，可以通过观察身体的特殊变化，加深对自己身体的感知，然后再解读并消化其背后深藏的能量动力。

（4）如何引精神理想？

在精神理想层，可以通过更高能量的理想化，同时结合现实情况将两点连接起来。让高位的精神理想成为调动现实的动力与方向。

总结：引是一种引发人们自身爱与智慧的手段，就像我们用手指向前方，再抬头去看，那里有什么。我们所有的努力，都是为了提升爱的能力，只有当一个人提升爱的能力后，能量才会得到更大的提升，这是贯穿人一生的课题，是始终不能变的方向。

二、咨询时间设置

能量动力理论的咨询过程十分重视提升关系温度，有了温度才能更有利于提升关系间的能量，开启爱的能力。在这个过程中，让关系升温往往需要一定的时间，每次的谈话时间要相对灵活，具体咨询时间的设定以咨询效果和咨询需要为准。

在时间的设置上，可以根据求助者的具体需求进行调整。想快速高效地解决现实中的急性问题时，可以让单次咨询时间加长，做相对完整的能量动力咨询。但对一些慢性问题，遵守传统的咨询时间，有规律地谈话，会更适合。

能量动力理论认为,无法启动能量流动和能量滋养的谈话,是接近于无意义的谈话。在谈话过程中,需要启动能量在关系中流动。能量动力理论的咨询时间,完全因人而异,以能量提升效果以及求助者对能量的吸收能力来设定咨询时长。

对大部分人来说,打开能量通道,开始能量提升,通常在谈话 1 个小时左右出现,1～2 小时是能量启动的关键时段。能量动力理论认为,这个时间是帮助一个人的关键时刻,如果在这段时间里咨询戛然而止,是非常可惜的。对需要快速缓解现实焦虑的人来说,只要可以让谈话继续下去,就尽可能不要打断。

在咨询关系里,能量如果可以直接连接,并畅通流动,那么完全可以缩短咨询时间。时间的具体设定与个人的能量状态和能量需求有关,也与咨访双方的能量连接情况有关。所以,我们可以看到,越容易与对方的能量产生有效连接,咨询的总量时间就越短。相反,与对方的能量连接能力越差,咨询的耗时就越长。

能量动力理论的咨询频率在初期阶段可以一周 1～4 次,这因求助者的能量而定,只要对方的能量不被外界扰动向下掉,咨询频率就可以低一些。相反,越是容易受到外界扰动、能量波动大、不够稳定的求助者,咨询频率就要更高一些,尽量保证能量不会剧烈下跌。对情绪不稳定、能量极低的人来说,频率越高的咨询效果越好。

当咨询到中期或后期,求助者的能量波动越来越趋于稳定,咨询频率就可以相应降低。

至此,本书想要与大家分享的内容已基本完结,衷心地希望本书能为读者带去一点有益的启发。最后感谢您耐心地读完本书,也期待您能为本书提出批评指正的宝贵意见!